Max Lucado

Das ist dein Moment

Über den Autor

Max Lucado war langjähriger Pastor der *Oak Hills Church* in San Antonio, Texas. Er ist verheiratet, Vater von drei Töchtern und Verfasser vieler Bücher. Die Zeitschrift *Christianity Today* zählt ihn zu den bekanntesten christlichen Autoren Amerikas.

Zu seinen Bestsellern gehören u. a. „Leben ohne Angst", „Du schaffst das", „Leichter durchs Leben" und „Wie man Riesen besiegt".

MAX LUCADO

DAS IST *dein* MOMENT

Mut für heute – Hoffnung für morgen

Aus dem Englischen von Elke Wiemer

GerthMedien

Inhalt

Unserer guten Freundin Margret Bishop.
Du bist eine Ester deiner Generation
und lebst Mut, Glaube und innere Schönheit vor.
Für Denalyn und mich ist es eine Ehre,
dich zu kennen, und wir sind begeistert,
gemeinsam mit dir Großeltern zu sein.

Kapitel 1

Sehnsucht nach dem Frühling

Der Winter wirft kalten Schatten. Die Tage sind kurz, die Nächte lang. Die Sonne lugt nur zögerlich hinter den grauen Wolken hervor. Die Wärme hat ihre Sachen gepackt und ist in den Süden gezogen. Herrliches Strandwetter wäre jetzt schön.

Aber das wird es nicht geben. Es ist Winter.

Der Frühling ist voller Blüten. Im Sommer wiegen sich dicht belaubte Büsche im Wind. Der Herbst bringt eine überreiche Ernte hervor. Aber der Winter? Der Winter ist still, totenstill. Die Felder sind gefroren. Die Bäume recken kahle Äste empor. Die Tierwelt schweigt. Ist verschwunden.

Der Winter bringt auch Gefahren mit sich. Schneestürme. Eisregen. Vorsicht ist geboten. Im Frühling rennt man barfuß über die Wiesen und springt in den Teich. Aber jetzt? Am besten zieht man sich warm an oder bleibt drin und in Sicherheit.

Da draußen ist es Winter.

Ist es auch dort, wo du gerade bist, Winter? Bist du in einer immerwährenden Düsternis gefangen? Sind dir Tage ohne Sonne und kahle Bäume nur allzu vertraut?

Ich kenne eine Mutter, die damit bestens vertraut ist. Eine Mutter von drei Kindern. Zwei tragen noch Windeln und eines ist behindert. Ihre Wohnung ist klein, ihr Einkommen mager.

Und ihr Mann abgehauen. Das Leben in diesem Chaos war ihm zu viel. Ihr ist es auch zu viel, aber hat sie eine andere Wahl? Irgendjemand muss ständig gefüttert, gewickelt, in den Arm genommen oder gebadet werden. Also tut sie, was gerade getan werden muss, und manchmal kommt es ihr so vor, als würde das Ganze kein Ende nehmen. Sie fragt sich, ob dieser „Winter" jemals vorübergehen wird.

Ähnlich geht es auch meinem Freund Ed. Er und ich haben viel gemeinsam. Gesundheitlich geht es uns gut. Beim Golfspielen sind wir schlecht. Wir mögen beide Hunde. Wir haben beide zu einer Zeit geheiratet, als Jimmy Carter noch nicht Präsident war – und das ist schon ewig her. Was der Unterschied zwischen uns ist? Meine Frau hat mich gerade gefragt, was ich zu Abend essen will. Seine fragt ihn ständig, wer er ist. Vor einem Jahr hat er sie in einer Betreuungseinrichtung für Menschen mit Gedächtnisproblemen untergebracht. Sie hatten davon geträumt, im Wohnmobil durchs Land zu fahren, wenn er erst einmal in Rente ist. Doch jetzt, wo es so weit ist, schläft er allein und besucht täglich eine Frau, die nur noch zum Fenster hinausstarrt.

Findest du dich in diesen Beispielen wieder? Wann hast du zum ersten Mal festgestellt, dass das Leben nicht so läuft, wie du es dir erhofft hattest?

Deine Eltern haben sich scheiden lassen.

Dein Ehepartner hat dich betrogen.

Du bist nie wieder richtig gesund geworden.

Deine Freundin ist nie wieder zu dir zurückgekommen.

In diesem Augenblick hat sich eine sibirische Kälte über dein Leben gelegt. In deiner Welt gibt es nur noch düstere Tage, lange Nächte und eiskaltes Polarwetter.

Winter.

Dieses Buch wurde im Winter geboren. Während ich diese Worte schreibe, leben die Menschen auf diesem Planeten unter frostigem Coronawetter. Eine Pandemie hat uns in unsere vier Wände eingesperrt. Die Mutter, von der ich erzählt habe? Ihre Einkünfte sind deshalb so mager, weil es ihren Job im Restaurant nicht länger gibt. Ed kann seine Frau zwar noch besuchen, aber er sieht sie nur durch eine Glasscheibe. Kirchentüren sind geschlossen. Schüler sitzen zu Hause fest. Masken verbergen das Lächeln der Menschen. Ein mikroskopisch kleines Virus hält uns alle in seinem Bann.

Und eine uralte Sünde droht uns hier in den USA zu entzweien. Diejenigen unter uns, die gehofft hatten, dass Rassismus Geschichte wäre, wurden eines Besseren belehrt. Das Knie eines Polizisten im Nacken eines schwarzen Mannes hat eine tiefsitzende Wut wiedererweckt. In vielen amerikanischen Städten ist sprichwörtlich ein Vulkan ausgebrochen.

Die ganze Welt scheint im Winter gefangen zu sein. Wir alle sehnen uns nach dem Frühling.

Doch der Winter gehört zum Leben dazu. Manchmal trifft er die Menschen persönlich, manchmal bricht er über den gesamten Planeten herein, aber immer ist er mächtig. So sehr wir auch versuchen, uns einzupacken und gegen den Wind zu stemmen, so kann auch der Mutigste unter uns stürzen. Der Wind ist einfach zu stark. Die Nächte sind zu lang und die Frage ist zu präsent: Wird dieser Winter jemals vorübergehen? Du fragst dich, ob du es überleben wirst (oder nicht?).

Wenn das so sein sollte, dann hat Gott ein Wort der Ermutigung für dich, das aus fünf Buchstaben besteht: E-S-T-E-R.

Das Buch, das ihren Namen trägt, wurde für die Winterzeiten des Lebens geschrieben. Es wurde für die Menschen geschrieben, die emotional erschöpft sind. Es wurde für diejenigen geschrieben, die sich vom Widersacher überwältigt, vom Schicksal kalt erwischt und von der Angst übermannt fühlen. Es ist, als hätte Gott in seiner gütigen Vorsehung die Gebete aller Seelen gehört, die jemals in einem arktisch kalten Februar festgesteckt haben. Er sagt zu allen, die sich danach sehnen, endlich einen grünen Trieb an einem kahlen Ast zu entdecken: „Folge mir. Ich will dir zeigen, was ich tun kann."

Er führt uns in die erste Reihe eines gewaltigen Saales und bietet uns einen Platz an. Dann nickt er dem Dirigenten zu. Dieser hebt den Taktstock, die Musik setzt ein, der Vorhang hebt sich, und wir werden Augenzeugen eines göttlichen Dramas mit triumphalem Ausgang.

Das Drama spielt in der Stadt Susa in Persien (dem heutigen Iran), und zwar im 5. Jahrhundert vor Christus. Dieses Reich war damals das, was im 1. Jahrhundert das Römische Reich war. Während der Herrschaft von Darius I., auch als Darius der Große bekannt (522–486 v. Chr.), erstreckte es sich über mehr als 7,5 Millionen Quadratkilometer. Diesem Reich gehörten ungefähr 44 Prozent der damaligen Weltbevölkerung an, geschätzte 50 Millionen Menschen.[1] Es erstreckte sich über mehr als 7000 Kilometer von Ost nach West, von Punjab in Indien bis nach Karthum im Sudan.[2] Um eine noch bessere Vorstellung davon zu bekommen, was das bedeutet: Stell dir die Entfernung von Tallin nach Porto und wieder zurück vor oder zweimal quer durch die USA. Das beschreibt in etwa die Ost-West-Ausdehnung des Persischen Reiches.

Die Besetzung unseres Dramas besteht aus einem denkwürdigen Quartett.

Xerxes, der König, der Wein liebte, Frauen gering schätzte

und seine Meinung nach Lust und Laune änderte. Er herrschte von 486 bis 465 v. Chr. über dieses Reich.[3] In vielen Bibelübersetzungen wird sein Name mit Ahasveros wiedergegeben, was richtig ausgesprochen wie ein kräftiges Niesen klingt. Daher entscheide ich mich für die griechische Variante seines Namens – Xerxes. (Außerdem macht es immer Spaß, einen Namen mit zwei X zu schreiben.)

Im Buch Ester wird er als Schwächling und Saufnase dargestellt, aber nicht gerade als großer Denker. Am wohlsten hat er sich mit einem Kelch in der Hand gefühlt, wenn er Entscheidungen delegiert hat. Diese Geschichte schreibt ihm keinerlei tiefgründige Gedanken oder staatsmännische Erlasse zu. Wenn man ihn in der richtigen Stimmung erwischte, stimmte er schon mal einem Völkermord zu.

Zumindest war das die Erfahrung, die Haman machte, der Bösewicht in dieser Geschichte. Sein Name klingt fast wie „Hangman" (das Spiel mit dem Galgen, bei dem man Wörter raten muss), was sehr passend ist, denn dieser Tyrann hatte nur das Töten im Sinn. Er war ein wohlhabender und einflussreicher Beamter im Kabinett von Xerxes. Er hatte einen Privatjet und seine Anzüge waren allesamt maßgeschneidert. Montags bekam er eine Maniküre und donnerstags spielte er mit Xerxes Golf. Er hatte die Gunst des Königs, das Auftreten eines Zuhälters und das Mitgefühl Hitlers.

Ja, genau. Beide wollten in gewisser Hinsicht angebetet werden. Beide duldeten keine Opposition. Und beide hatten vor, das gesamte jüdische Volk zu vernichten. Man kann beinahe hören, wie Haman in Hitlers Sprechweise und Rhetorik mit Xerxes spricht:

„Es gibt ein Volk, das zerstreut und abgesondert unter den Völkern in allen Provinzen deines Reiches lebt. Das Gesetz dieses Volkes unterscheidet sich vom Gesetz aller anderen Völker, und seine Angehörigen halten sich nicht einmal an die Gesetze Ihrer Majestät. Deshalb liegt es nicht im Interesse Ihrer Majestät, sie unbehelligt zu lassen. Wenn es Ihrer Majestät genehm ist, so erlassen Sie ein Dekret, sie zu vernichten; im Gegenzug gebe ich den Schatzmeistern 10.000 Talente Silber, die sie in die königliche Schatzkammer bringen sollen." (Ester 3,8–9)

Mit diesem „Volk" waren die Hebräer gemeint – die Kinder Israels, Nachkommen von Abraham und der Stammbaum, aus dem Jesus Christus hervorging. Diese Menschen waren über das gesamte Persische Reich verstreut. In Hamans Augen waren sie nur bedeutungslose Fusseln auf der königlichen Robe von Xerxes. Aber in Gottes Augen waren sie das auserwählte Volk, durch das er die Menschheit retten wollte.

Einer dieser Exiljuden ging Haman wirklich auf die Nerven. Sein Name war Mordechai. Und ich verspreche dir: Am Ende wirst du ihn lieben. Aber zunächst wird er dich ein wenig verwirren. Er war ein stiller Zeitgenosse und hatte beschlossen, seine Abstammung geheim zu halten. Dennoch konnte man Haman einfach nur bis zu einem gewissen Grad schweigend ertragen.

„Mordechai hatte eine Cousine … und zog sie wie seine eigene Tochter auf", denn sie war ein Waisenkind. Sie muss wirklich auffallend schön gewesen sein. Ester „hatte eine schöne Figur und ein hübsches Gesicht" (Ester 2,7). In den alten rabbinischen Schriften wird sie – neben Sarah, Rahab und Abigail – als eine der vier schönsten Frauen der Welt bezeichnet.[4] Zwar war es genau dieses Aussehen, das ihr irgendwann Zutritt zum König verschaffte, aber ihre Geschichte ist wegen ihrer Überzeugungen und ihres Muts auch für dich von Bedeutung.

Siehst du sie, die Bestandteile dieses Dramas?

Ein ahnungsloser Rohling von einem König.

Ein heimtückischer, herzloser, blutrünstiger Haman.

Das Volk der Juden, das Gefahr läuft, vernichtet zu werden.

Ein trotziger und entschlossener Mordechai.

Eine umwerfend schöne und beherzte Frau namens Ester.

Und Gott? Wo bleibt Gott in dieser Geschichte? Aha, diese Frage sollte man sich durchaus stellen.

Das Buch Ester ist eines der beiden einzigen biblischen Bücher, in denen nie der Name Gottes vorkommt.[5] Bis zu diesem Punkt tauchte er überall auf, er war scheinbar auf jeder Seite zugegen. Überall konnte man seine Spuren entdecken. Im Garten Eden zeigt er sich uns als der Schöpfer. In Ur ist er derjenige, der beruft. In Ägypten ist er der Befreier. Im verheißenen Land der Krieger. Und in Persien? Hier wird die Fährte kalt.

Nirgends lesen wir: „Gott sprach" oder: „Gott erwählte" oder: „Gott beschloss." Nirgends wird der Tempel erwähnt oder die hebräischen Namen Gottes – *Jahwe* oder *Elohim*. Es gibt weder apokalyptische Visionen, wie Daniel sie hatte, oder die Sorge um Gottes Wort wie bei Esra. Gebete werden zwar angedeutet, aber nicht beschrieben. Kein Meer teilt sich. Die Himmel tosen nicht. Keine toten Knochen erwachen zum Leben.

Warum? Warum fehlt in diesem Buch jegliche Spiritualität? Warum schweigt Gott hier scheinbar?

Wenn in deinem Leben gerade Winter herrscht, kannst du diese Fragen nachvollziehen. Es kommt dir vielleicht auch so vor, als hätte Gott sich vor dir verborgen. Als sei er weg, weit weg. Er taucht in deinem Drehbuch gar nicht auf. In deiner Welt von der Sonne keine Spur.

Andere können Gottes leises Reden vernehmen. Du nicht. Andere sagen, sie wissen, was Gottes Wille ist. Du bist eher planlos. Andere dürfen bei einem seiner Auftritte hinter die Kulissen schauen. Und du? Du kannst seine Namen nicht einmal auf der Liste der Darsteller entdecken. Spielt er überhaupt mit? Ist er irgendwo da? Bedeutest du ihm noch etwas? Du bist dir da nicht sicher.

Wärst du offen für den kleinen Schatz, der unter der Oberfläche von Esters Geschichte verborgen liegt? Stille Vorsehung. *Vorsehung* ist das Allerweltswort, das Theologen benutzen, um zu beschreiben, dass Gott jederzeit der Herr über die Geschichte ist. Er hat nicht nur durch sein Wort das Universum erschaffen, sondern er herrscht durch seine Autorität auch darüber. „Er erhält das Universum durch die Macht seines Wortes" (Hebräer 1,3). Er ist majestätisch, königlich, und – das ist das Wichtigste – er ist *jetzt hier*. Ihm ist der Planet Pluto nicht wichtiger als deine Sorgen und Nöte.

Und er ist für sein dramatisches Eingreifen bekannt. Durch sein Eingreifen hat sich das Rote Meer geteilt, ist Manna vom Himmel gefallen, hat eine Jungfrau ein Kind geboren, und einem Grab entstieg neues Leben. Aber auf jeden lauten Ruf Gottes kommt ein millionenfaches leises Flüstern. Und das Buch Ester erzählt die Geschichte von einem flüsternden Gott, der auf unsichtbare und unergründliche Weise alles Handeln und alle Umstände zum Wohle seines Volkes überwacht. Dieses Buch erinnert uns daran, dass er nicht laut agieren muss, um mächtig zu sein. Er muss keinen Schatten werfen, um gegenwärtig zu sein. Auch in seinem scheinbaren Schweigen ist Gott immer noch redegewandt, und er handelt *hier*, selbst wenn er weit weg zu sein scheint.

Auch in seinem scheinbaren Schweigen ist Gott immer noch redegewandt, und er handelt *hier*, selbst wenn er weit weg zu sein scheint.

Kommt es dir so vor, als sei Gott weit von dir entfernt?

Wenn ja, dann solltest du dem Buch Ester deine Aufmerksamkeit schenken. Lass dich von diesem Drama fesseln.

1. Akt – *Die Verirrung*: Gottes Volk zieht den Glanz Persiens der Güte Gottes vor. Kompromisse treten an die Stelle von Überzeugungen, es herrscht Konfusion statt Klarheit.
2. Akt – *Die Krise*: Ein Todesurteil sorgt dafür, dass alle Juden lebenserhaltende Maßnahmen brauchen. Welche Hoffnung bleibt dieser kleinen Minderheit in einer heidnischen Gesellschaft noch?
3. Akt – *Der Sieg*: Das Unvorstellbare passiert. Etwas so Unerwartetes, dass „sich ihre Sorge in Freude und ihre Trauer in einen Festtag verwandelt" (Ester 9,22).

Das Thema des Buches Ester – ja, eigentlich das Thema der gesamten Bibel – ist, dass alle Ungerechtigkeiten dieser Welt von Gott ausgeräumt werden. Gott ist dafür bekannt, dass er für großartige Wendungen sorgt. Auch wenn wir das Gefühl haben, dass alles zerbricht, ist Gott mitten unter uns am Werk und sorgt dafür, dass sich alles zusammenfügt. Er ist der König der leisen

Vorsehung, und er lädt dich und mich ein, an seinem Werk teilzuhaben. Die Headline des Buches Ester lautet im Grunde: *Hilfe ist schon unterwegs. Wirst du deinen Beitrag dazu leisten?*

Gott ist dafür bekannt, dass er für großartige Wendungen sorgt.

Wenn alles verloren erscheint, ist es noch lange nicht aus. Wenn das Böse zu siegen scheint, hat Gott immer noch das letzte Wort. Er hat für jede Hungersnot einen Josef parat und für jeden Goliat einen David. Wenn seine Leute gerettet werden müssen, beruft er eine Rahab. Wenn der kleine Mose eine Mutter braucht, erfüllt Gott eine ägyptische Prinzessin mit Mitgefühl. Er hat immer jemanden parat.

Er hatte auch in Esters Geschichte jemanden.

Und er hat auch in deiner Geschichte jemanden.

Du würdest dich am liebsten zurückziehen, still verhalten, in Sicherheit bringen, im Hintergrund bleiben. *Ich bin nicht der oder die Richtige dafür*, sagst du dir und tust die Vorstellung, „für eine Situation wie diese" auf dieser Welt zu sein, als Blödsinn ab.

Aber ich hoffe so sehr, dass du das nicht tust.

Hilfe ist schon unterwegs. Wirst du deinen Beitrag dazu leisten?

Auf dieser Welt geht es – so kommt es uns zumindest vor – immer chaotischer zu. Aber Gott realisiert seine Antworten auf all die Probleme durch mutige Menschen. Menschen wie Mordechai und Ester. Menschen wie dich. Menschen, die zu glauben

Die Headline des Buches
Ester lautet im Grunde:
Hilfe ist schon unterwegs.
Wirst du deinen Beitrag
dazu leisten?

wagen, dass sie durch Gottes Gnade für eine Zeit wie diese erschaffen wurden.

Wer im 1. oder 2. Akt der Geschichte stecken geblieben ist, dem sei versichert: Der 3. Akt steht noch aus. Nach Gottes Plan müssen Konfusion und Krise dem endgültigen Sieg weichen. Ein Winter dauert auch nicht ewig. Die Bäume werden bald wieder ausschlagen. Der Schnee wird in Kürze schmelzen. Der Frühling ist nur ein Kalenderblatt weit entfernt. Und vielleicht ist Gott schon dabei umzublättern.

1. Akt

Die Verirrung
Glaube in einer ungläubigen Welt

Das Paar saß sich am Tisch stumm gegenüber. Er stocherte in einem Gericht aus Linsen und Lammfleisch herum. Sie starrte auf das Essen hinab, das auf ihrem Teller lag.

„Du hast noch gar nichts gegessen", sagte er schließlich. „Du musst etwas essen."

„Ich habe aber keinen Hunger."

Er wollte ihr schon widersprechen, überlegte es sich jedoch anders. Er schaute in ihr junges Gesicht, das vom Kerzenlicht angestrahlt wurde. Seidige Haut. Hohe Wangenknochen. Braune Augen mit einem goldenen Glitzern.

„Ester", entgegnete er sanft, „das ist das Beste, was wir tun können."

Sie hob den Kopf und sah ihn an. Seine Augen waren feucht, gleich würden ihm die Tränen kommen. „Aber sie werden es herausfinden."

„Nicht, wenn du vorsichtig bist. Rede wenig. Gib ihnen keinen Grund, misstrauisch zu werden. Bleib unbemerkt."

Sie sah ihn Hilfe suchend an.

„Unser Volk ist hier in Susa vom Weg abgekommen. Keiner kann sich noch an Jerusalem erinnern. Auch den Tempel haben sie bereits vergessen. Schon deine Eltern – möge ihr Andenken gesegnet sein – haben in Persien gelebt und sind hier gestorben. Uns wird es genauso ergehen. Wir müssen das Beste daraus machen."

„Aber er wird so viel von mir verlangen."

Mordechai fuhr sich mit den Fingern durch sein graues Haar und griff dann nach ihrer Hand. „Wir haben keine andere Wahl. Der König hat den Erlass erteilt. Die Soldaten werden morgen kommen und dich holen. Wir können uns der Verordnung nicht entziehen."

Er seufzte, stand auf und ging zum Fenster. Von seinem Haus in der Burg aus konnte er ganz leise die Abendgebete hören und die flackernden Lichter von Al-Yahudu sehen, des Ortes der Judäer, einer abgesonderten Gemeinschaft von Juden. Er schaute oft auf dieses Dorf, ging aber nur selten dorthin. Seine Bewohner verstanden ihn nicht. Ihn, der sich einen Platz am Königshof gesucht hatte. Ihn, der seine Identität verbarg. Ihn, der seinen Glauben verleugnete.

Und er verstand sie nicht. Konnte man denn nicht mehr als einer Person gegenüber loyal sein? Ein kleiner Kompromiss hier, ein Geheimnis dort. Ein paar Fakten frisieren. Wen interessierte das schon?

„Außerdem", schloss er, als er sich wieder zu ihr umdrehte, „könnte das unsere Gelegenheit sein, Ester. Wer weiß, welche Türen sich uns dadurch öffnen?"

„Ja, aber wer weiß, was wir dabei verlieren werden?" Sie erhob sich und trat zu ihm ans Fenster.

Mordechai legte einen Arm um ihre Schulter und flüsterte: „Der Herr wird mit dir sein und ich auch."

Kapitel 2

Mach es dir in Persien nicht zu gemütlich

Vielleicht war der unerwartete Wärmeeinbruch daran schuld. Oder der willkommene Anblick knospender Zweige. Oder es war schlicht jugendliche Liebe.

Aber vermutlich handelte es sich hauptsächlich um einen schweren Fall von Dummheit.

Sie und ich gingen aufs College. Wir hatten uns schon ein- oder zweimal getroffen und auch ein- oder zweimal den Eindruck gehabt, dass es zwischen uns funkte. Frühling lag in der Luft. Der wolkenverhangene Himmel hatte endlich sein graues Gewand abgelegt. Es war ein sonniger Samstagnachmittag mit blauem Himmel und einem warmen Lüftchen. Wir fuhren ausgelassen und mit heruntergekurbelten Fenstern durch die Gegend. Hatten wir diesen Ausflug geplant oder war er nur ein spontaner Einfall gewesen? Ich weiß es nicht mehr. Woran ich mich jedoch noch erinnere, sind die Felder mit dem Wintergetreide. So üppig. So grün. So einladend.

Ich bin mir sicher, dass es meine Idee war, ein bisschen herumzualbern. Ich neige ein wenig zu spontanen Verrücktheiten. Ich hatte sogar schon mal versucht, ein Mädchen damit zu beeindrucken, dass ich in einen Fluss sprang, musste dann aber feststellen, dass er nur einen Meter tief war. Zum Glück hatte ich keinen Kopfsprung gemacht. Meine Füße sanken bis zu den Knöcheln in den Schlamm.

Aber zurück zum Kornfeld. Hatte ich schon erwähnt, wie schön es aussah? Es erinnerte an einen olivgrünen Teppich. Und hatte ich schon erwähnt, dass wir auf dem besten Weg waren, uns ineinander zu verlieben? Sie sich in mich und ich mich in sie. Als ich dann vorschlug, barfuß durchs Kornfeld zu laufen, sah ich eigentlich vor meinem inneren Auge, wie wir Hand in Hand durch die Ähren hüpften und – wer weiß – uns vielleicht zum ersten Mal küssten?

Also hielt ich das Auto an. Wir zogen Schuhe und Strümpfe aus und sprangen über den Zaun, in der Erwartung, auf einer Art weichen Matratze zu landen. Aber wir wurden enttäuscht.

Felder mit Wintergetreide sind oberflächlich betrachtet grün, aber unten drunter steinig und pappig. Nach drei oder vier Schritten hielten wir abrupt inne. Sie starrte mich mit einem „Was hast du dir nur dabei gedacht?!"-Blick an. Als wir wieder am Zaun waren, schmerzten nicht nur meine Füße, sondern auch mein Ego. Das war der Anfang vom Ende für uns. Der Tag, an dem die Liebe in einem texanischen Getreidefeld starb. (Klingt wie der Titel eines Countrysongs, oder?)

Vielleicht hast du ja den gleichen Fehler begangen. Nicht auf einem Feld, sondern im Leben. Du wurdest hereingelegt, getäuscht, betrogen oder in ein grünes Getreidefeld gelockt und hast dann festgestellt, dass es aus lauter Dornen bestand.

Vielleicht erinnerst du dich noch daran, wie die strahlenden Lichter in einsame Nächte mündeten? Oder dass das Versprechen schnellen Reichtums in die Sackgasse der Schulden führte? Oder wie *er* dich in sein Bett gelockt oder *sie* dir eingeredet hat, dass sie dich liebt? In deinem Fall haben wahrscheinlich nicht deine Füße geblutet, aber dein Herz schon, oder du hast dein Bankkonto geplündert. Ich hoffe, dass du bei alldem folgende Lektion gelernt hast: Die Dinge sind nicht immer so, wie sie scheinen. Was zu schön ist, um wahr zu sein, ist es meistens auch nicht.

Harte Zeiten können zu schlechten Entscheidungen führen.

Hier ein Ratschlag und eine Warnung für alle, die im sinnbildlichen „Winter" feststecken: Harte Zeiten können zu schlechten Entscheidungen führen. Wir verlieren die Orientierung. Wir vergessen Gottes Auftrag. Wir tauschen unsere Überzeugungen gegen die strahlenden Lichter Persiens ein. Dieser Versuchung sahen sich auch die Juden gegenüber.

Und so hat die ganze Geschichte angefangen:

Im dritten Jahr seiner Herrschaft gab [Xerxes] *ein Festmahl für alle seine Fürsten und Beamten, für die Befehlshaber der Heere Mediens und Persiens, für die Adligen und die Provinzverwalter.* (Ester 1,3)

Xerxes gab dieses rauschende Fest, weil er die Adligen, Beamten, Fürsten, Regierenden und militärischen Befehlshaber überzeugen wollte, seinen Feldzug gegen die Griechen zu unterstützen.[1] Die Burg, der Sitz seiner Macht, thronte über der Stadt. Man konnte sie meilenweit sehen. Ihre immensen Ausmaße sandten eine klare Botschaft: In diesen Hallen wandelt ein wichtiger König. „Hört auf ihn!"

Xerxes war zu dieser Zeit 35 Jahre alt und unvorstellbar reich. Sein Palast „war mit kunstvoll gewobenen weißen und blauen Leinenvorhängen geschmückt, die mit Byssus- und Purpurbändern und mit silbernen Ringen an Marmorsäulen befestigt waren. Auf dem aus Porphyr, Marmor, Perlmutt und anderen kostbaren Steinen zusammengesetzten Mosaikboden standen goldene und silberne Sessel" (Vers 6). Die Eingangshalle schmückten 36 Säulen, die jeweils 20 Meter hoch waren. Zwei Bullen bildeten die Säulenkapitelle, die die mächtigen hölzernen Deckenbalken trugen.[2] Selbst der Mosaikfußboden war ein Kunstwerk. Als Alexander der Große ein Jahrhundert später den Palast in Susa betrat, entdeckte er Goldbarren im Wert von umgerechnet maximal 64 Milliarden Euro und 270 Tonnen geprägte Goldmünzen.[3] Xerxes war also nicht gerade knapp bei Kasse.

Er versprach allen Soldaten, die bereit waren, für ihn zu kämpfen, Wohlstand und Belohnungen. Und um zu beweisen, dass er sein Versprechen auch einhalten konnte, veranstaltete er eine sechsmonatige Luxusfete. „Das Fest dauerte sechs Monate und war eine Zurschaustellung des unermesslichen Reichtums seines Königreiches und dessen unerhörter Pracht und Größe. Als diese Zeit vorüber war, gab der König ein Festmahl für alle Bewohner der Burg Susa – vom Höchsten bis zum Niedrigsten. Das Bankett dauerte sieben Tage und wurde im Garten des königlichen Palastes veranstaltet" (Verse 4–5).

Es war eine wilde Feierlichkeit mit Schlemmereien und Besäufnissen. Die Gäste stammten aus allen gesellschaftlichen Schichten und aller Herren Länder. Beamte, einflussreiche Männer und Emporkömmlinge tummelten sich, plauderten und schwelgten. Festmähler auf Dutzenden von Tischen. Der Wein floss in Strömen. Jeder trank, so viel er wollte, und noch viel mehr. Sechs Monate lang erlesene Speisen, die Crème de la Crème, Pinot Noir und Ausschweifungen. Und Xerxes stand dem ganzen Treiben vor.

Aber gegen Ende dieses Karnevals begann der König, sein wahres Gesicht zu zeigen. Am 187. Tag des Festes war er „schon vom vielen Wein in heiterer Stimmung" (Vers 10) und wollte Königin Waschti sehen. Da er leicht angesäuselt war, beschloss Xerxes, mit seiner Frau anzugeben, „denn sie war eine sehr hübsche Frau" (Vers 11). Augenscheinlich erwartete er von ihr, dass sie vor seinen Trinkkumpanen tanzte und sie mit ihrer Parfümwolke einhüllte.

Dem Midrasch zufolge, einer alten rabbinischen Auslegung des Buches Ester, soll Xerxes seiner Königin befohlen haben, den Raum nur mit ihrer Krone bekleidet zu betreten.[4] Dieses Detail können wir heute nicht mehr beweisen. Aber so viel steht fest: Er lud Waschti nicht ein, um ihre Meinung zu Staatsangelegenheiten zu hören. Er wollte sie vor seinen Kumpels zur Schau stellen.

Persien war auch damals kein sicherer Ort für Frauen. Alle Frauen, einschließlich der Königin, waren Leibeigentum. Waschti verbrachte wahrscheinlich die meiste Zeit abgeschieden in irgendeiner Ecke des Palastes, verhätschelt und herausgeputzt für ihren nächsten Auftritt vor dem König. Sie war lediglich ein Statussymbol, eine Trophäe. Ihre einzige Aufgabe bestand darin, durch ihr Aussehen einen weiteren Beitrag dazu zu leisten, dass Xerxes mächtig und wichtig erschien.

Und da erwartete ihn eine ganz schöne Überraschung. Sie weigerte sich mitzuspielen. Vor einer Horde trunksüchtiger Männer herumzustolzieren? Nein danke! (Gut gemacht, Waschti.)

„Das erboste den König und sein Gesicht rötete sich vor Zorn“ (Vers 12).

Hier darfst du ruhig lachen. Der große, starke, millionenschwere Xerxes, Herrscher über 127 Provinzen[5], der mächtige Lehensherr, der die damals bekannte Welt beherrschte, wurde von seiner eigenen Frau bloßgestellt. Sechs Monate lang hatte er geschlürft, geschmatzt und seine Muskeln spielen lassen. Und am letzten Abend stand er vor seinen Saufkumpanen als Weichei da. Als der Herrscher sich aufspielen wollte, zeigte sich seine Unzulänglichkeit. Und darüber war er so wütend, dass er sofort ein Komitee einberief. Er versammelte seine sieben (nicht mehr ganz nüchternen) Berater um sich und sagte: „Leute, was soll ich tun?“

Weise Ratgeber hätten den König dazu gedrängt, die Sache unter vier Augen zu regeln. Sie hätten den König daran erinnert, dass sein Verstand nach sechs Monaten Alkohol vermutlich etwas benebelt war, und sie hätten ihm vorgeschlagen, vor einer Entscheidung erst wieder etwas nüchterner zu werden. Aber Xerxes’ Kabinettsmitglieder waren offensichtlich genauso unterbelichtet und betrunken wie er. Sie setzten sich zusammen, berieten über das richtige Vorgehen und gaben dann diesen abstrusen Vorschlag:

„Königin Waschti hat sich nicht nur gegen den König, sondern auch gegen alle Fürsten und Bürger in allen Provinzen des Königs Ahasveros verfehlt. Wenn das Verhalten der Königin bekannt wird, werden die Frauen überall anfangen, die Achtung vor ihren Männern zu verlieren. Sie werden sagen: ‚König Ahasveros hat Königin Waschti befohlen, zu ihm zu kommen, aber sie kam nicht.‘“ (Verse 16–17)

Angst schwingt in diesen Worten mit. „Jungs, wir müssen etwas tun, sonst kommen die Frauen womöglich auf seltsame Gedanken!"

Die Frauen könnten anfangen, selbstständig zu denken.

Männer müssten dann liebevoll zu ihren Frauen sein.

Unsere Töchter würden dann auf die Idee kommen, dass es mehr im Leben gibt als Kinder und Küche!

Und wie kann man diese Tragödie vermeiden? Indem man Waschti verbannt.

„Wenn es Ihrer Majestät gefällt, schlagen wir vor, dass Sie ein Dekret erlassen und ein schriftliches Gesetz der Perser und Meder anordnen, das nicht aufgehoben werden darf. Dieses Gesetz soll Königin Waschti für immer aus der königlichen Gegenwart verbannen und festlegen, dass ihre Königswürde einer anderen gegeben wird, die würdiger ist als sie. Wenn dieser königliche Erlass im ganzen riesigen Reich veröffentlicht wird, werden die Ehemänner überall, ganz gleich welchen Ranges, von ihren Frauen mit dem gebührenden Respekt behandelt werden." (Verse 19–20)

In welcher Realität lebten diese Männer denn? Hatte ihnen vielleicht jemand heimlich einen Schuss Dummheit in den Wein getan? Waren sie wirklich so blind, so arrogant, kannten sie die Menschen wirklich so schlecht, dass sie dachten, ein Erlass könnte dazu führen, dass sich ein Geschlecht dem anderen still unterordnete? Und diese Männer regierten allen Ernstes das größte Königreich der Welt? Offenbar waren sie bloß ein Haufen Stammtischproleten.

Auch Xerxes' Wichtigtuerei (Party, Besitz, Macht) machte seine Ignoranz offenkundig (launisch, unentschlossen, dumm).

Bei all seinem Gehabe war Xerxes doch nichts anderes als ein frauenfeindlicher Dummkopf.

Erkennst du die Ironie der Sache? Schüttelst du angesichts von so viel Dummheit den Kopf? Verdrehst du bei Xerxes' Reaktion angewidert die Augen? Wenn ja, dann hat der Autor sein Ziel erreicht. Die Geschichte des unverschämten Xerxes und die Geschichte meines Ausflugs in das Feld mit dem Wintergetreide haben eines gemeinsam: Was ist, wenn Glanz und Gloria nur Unsinn sind? Was ist, wenn das gleißende Licht der Scheinwerfer nur Schwindel ist? All die roten Teppiche. All die Fotos in den sozialen Netzwerken. All die schicken Partys und die angesagten Clubs – was ist, wenn all die Wichtigtuerei und das Schickimicki-Gehabe nur ein einziges großes Feld mit Wintergetreide sind?

Dann toll nicht darin herum.

Fall nicht darauf herein.

Kaufe es niemandem ab.

Schluck den Köder nicht.

Lass dich nicht bluffen.

Mach es dir in „Persien" nicht zu gemütlich.

Bleib deiner Einladung für ein Leben mit Gott treu.

Erweitern wir unseren Blickwinkel einmal und betrachten den Kontext. Hast du Zeit für ein bisschen hebräische Geschichte?

Als Gott in Ur eine Einladung an Abraham aussprach, schloss er einen Bund mit ihm – er gab ihm eine Verheißung: dass Abraham der Vater einer großen Nation werden würde. „Wer dich segnet, den werde ich auch segnen. Wer dich verflucht, den werde ich auch verfluchen. Alle Völker der Erde werden durch dich gesegnet werden" (1. Mose 12,3).

Wie genau würde Gott die ganze Welt durch Israel segnen? Zunächst einmal sollten sie einen Lebensstil vorleben, der die Herrlichkeit und Güte Gottes widerspiegeln sollte. Anders als die verkommenen, bunt gemischten, gewalttätigen Kanaaniter um sie herum sollten sie ihren Schöpfer anbeten, ihre Mitmenschen lieben und ihre Familien ehren. Und dann sollten sie die Ahnenreihe bilden, aus der auch Jesus Christus hervorgehen würde, das weltweit größte Segensgeschenk. Die Kinder Israels waren also die Bewahrer und Verwalter von Gottes Bund mit Abraham.

Deshalb sollten sie sich nicht mit anderen Völkern mischen. Sie sollten anders sein, heilig, ausgesondert. Es war ihnen nicht erlaubt, Nichtjuden zu heiraten, heidnische Götter anzubeten oder die heidnische Kultur zu übernehmen. Sie sollten auf eine ganz bestimmte Art anbeten, leben und lieben.

Gelang ihnen das? Manchmal auf wundersame Art und Weise: ja. (Denken wir daran, wie Josua das verheißene Land erhielt.) Manchmal auf unglückliche Art und Weise: nein. (Denken wir an die lange Reihe korrupter Könige, von denen einer schlimmer war als der andere.) Letztlich verloren die Menschen Gott so vollständig aus dem Blick, dass er die Zeit im Exil zuließ, um ihre Aufmerksamkeit zu bekommen.

586 v. Chr. eroberten die Babylonier Jerusalem und verschleppten zehntausend Menschen aus der Oberschicht. 539 v. Chr. kassierten die Perser wiederum Babylon. Zu der Zeit, als wir Mordechai und Ester begegnen, leben die Juden schon seit drei Generationen über 1500 Kilometer von Jerusalem entfernt.

Es ist schwer vorstellbar, dass sich noch irgendeiner von ihnen an das Leben in der Heimat erinnern konnte. Sie lebten unter Persern. Sie hörten jeden Tag den stechenden Schritt der

Soldaten und die Räder der Streitwagen. Die Geschäftsleute handelten mit Nichtjuden. Bauern verkauften ihre Ware an Perser. Sie lebten im Überfluss und konnten tagtäglich die Düfte riechen, die aus dem Tempel eines fremden Volkes drangen. Und die wirklich gläubigen Juden hatten die Gelegenheit genutzt, entweder mit Serubbabel[6] oder mit Esra[7] nach Jerusalem zurückzukehren.

Die Juden, die in Persien blieben, *wollten* also in Persien bleiben. Es ging ihnen im Exil prima. Sie hatten gute Arbeit, sichere Positionen. Manche waren schon mehr Perser als Hebräer. Um den Erfolg und Wohlstand in Susa zu genießen, mussten sie nur mitspielen – mussten sich an die Regeln halten und sich in die Kultur einfügen.

Im Gegensatz zu anderen Büchern des Alten Testaments, in denen beschrieben wird, wie die Juden im verheißenen Land Fuß fassen, beschreibt das Buch Ester eine Zeit, in der das Volk weit von der Heimat entfernt lebt. Jerusalem war in jeder Hinsicht weit vom Leben der Juden entfernt, und Persien war, nun ja, es war eben so bedeutend, so üppig, so einladend. Es war ein gigantisches Getreidefeld. Der Verfasser hat meine Metapher zwar nicht benutzt, hätte das aber sicher gern getan. Die Botschaft des 1. Kapitels im Buch Ester lautet schlicht: Persien macht dir nur was vor.

Müssen auch wir uns manchmal daran erinnern? Die Aufgabe, die Gott den Juden gegeben hatte, wurde in gewisser Hinsicht an uns weitergegeben. Gott zeigt seine Herrlichkeit und Güte durch die Kirche. Wenn wir Gott anbeten, unsere Mitmenschen und unsere Familien ehren, werden wir zu Werbeplakaten für Gottes Botschaft.

Auch wir sind Verwalter – Verwalter der guten Nachricht von

Jesus Christus. Er ging aus der jüdischen Ahnenreihe hervor – und heute zeigt er sich im Leben der Menschen, die mit ihm unterwegs sein wollen. Wenn wir unseren Glauben praktizieren, dann tragen wir ihn damit in eine Gesellschaft, die keinen Glauben mehr hat. Wir haben die Hoffnung, die diese Welt braucht.

Aber manchmal verlieren wir diese Einladung auch aus den Augen. Wir brauchen eine Erinnerung. Persien macht uns nur was vor. Um es mal ganz deutlich zu sagen: Milliardenschwere Unternehmen betrügen uns, indem sie uns zu einem Lebensstil verlocken, der uns schadet und auslaugt.

Beispiel gefällig? Wie wäre es hiermit: „*Pornografie ist ein harmloser Ausdruck unserer Sexualität.*“ Wirklich? Untersuchungen haben ergeben, dass sie genauso süchtig macht wie Alkohol und Drogen.[8] Sie verändert die Struktur des Gehirns.[9] Und was ist mit dem Menschenhandel, den sie begünstigt, und mit der Gewalt, die sie verursacht? Und trotzdem flüstern die Anbieter pornografischer Materialien ahnungslosen Menschen zu: „Es tut doch nicht weh. Es ist doch nur Sex.“

Lügner.

Oder wie wäre es damit: „*Wer mit den meisten Spielsachen stirbt, gewinnt.*“ Du bist, was du hast, also versuchst du, so viel wie möglich zu besitzen. Mach Schulden. Leih dir Geld. Belaste dein Haus mit einer Hypothek, die dein Einkommen weit übersteigt; es ist die Sache wert. Ein amerikanischer Haushalt hat im Durchschnitt mehr als 145 000 Dollar Schulden, einschließlich fast 7000 Dollar Kreditkartenschulden.[10] Wir beten Dinge an, in der Hoffnung, dass sie Erfüllung schenken. Und dein Schöpfer? Er sagt dir die Wahrheit: „Sammelt keine Reichtümer hier auf der Erde an, wo Motten oder Rost sie zerfressen … Sammelt eure Reichtümer im Himmel …“ (Matthäus 6,19–20).

Wenn wir Gott anbeten,
unsere Mitmenschen
und unsere Familien ehren,
werden wir zu Werbeplakaten
für Gottes Botschaft.

Und noch eine Lüge: „*Ein paar Drinks am Ende des Tages, und du fühlst dich gleich wieder besser. Was soll daran falsch sein?*" Wenn es nach der Marketingmaschinerie der Alkoholindustrie geht, gar nichts.[11]

„Wie man jeden Tag neu genießen kann", lädt Radeberger Pilsener ein.

„Eine Perle der Natur", wirbt Krombacher Pilsener.

„Genießt jeden Augenblick, wie er euch schmeckt", fordert uns Rotkäppchen Sekt auf.

„Eiskalt, glasklar und absolut rein", heißt es bei Wodka Gorbatschow.

Aber hinter dieser schön klingenden Werbung lauern die Schattenseiten des Alkoholmissbrauchs. Übermäßiger Alkoholkonsum wirkt sich negativ auf Körper, geistige Gesundheit, Ehen, Arbeit, Freundschaften, Produktivität und Schwangerschaften aus.[12]

Ich könnte diese Liste von Lügen noch mehrere Kapitel lang fortführen. Lügen über unsere Identität, unsere Rasse oder Nationalität. Man stößt überall darauf. Und die Folgen sind verheerend.

Während ich dieses Buch schreibe, leiden immer mehr Menschen unter Depressionen.[13] Die Zahl der Scheidungen steigt von Jahr zu Jahr – aktuell sogar um 34 Prozent.[14] Anrufe bei Seelsorgehotlines sind um 891 Prozent gestiegen[15], und die Selbstmordrate war seit dem Zweiten Weltkrieg nicht mehr so hoch.[16] Laut einer Umfrage hat in unserem Land jeder Vierte im Alter zwischen 18 und 24 in den vergangenen 30 Tagen ernsthaft über Selbstmord nachgedacht.[17]

Wie lebt Gottes Volk in einer gottlosen Gesellschaft? Sollen wir uns anpassen und integrieren? Nein, wir leben in einer Zeit, in der wir uns abheben und helfen müssen. Wir wurden für Zeiten wie diese erschaffen.

Während meiner Zeit bei den Pfadfindern erhielt ich ein Abzeichen in Erster Hilfe. Man konnte auf mich zählen, wenn es darum ging, einen verstauchten Knöchel oder ein aufgeschürftes Knie zu versorgen. Daher wurde mir bei einem unserer ganztägigen Pfadfindertreffen ein Platz im Erste-Hilfe-Zelt zugewiesen. Zunächst war ich begeistert. Ich trug eine Erste-Hilfe-Armbinde und stand unter der Erste-Hilfe-Fahne. Ich fühlte mich wichtig. Aber als ich so dastand und den Aktivitäten zuschaute, fühlte ich mich bald ausgeschlossen. Die anderen Pfadfinder rannten herum, schwammen, nahmen an Wettkämpfen teil und spielten. Und Max? Ich stand am Eingang des Zeltes. Am liebsten hätte ich die Armbinde abgestreift und bei den anderen mitgemacht. Einer der Leiter hörte meine Klagen und erinnerte mich an etwas: „Du hast hier eine ganz besondere Rolle. Du musst anders sein. Dieses Zelt ist der Ort, zu dem die verwundeten Kinder kommen."

Wir leben in einer Zeit, in der wir uns abheben und helfen müssen. Wir wurden für Zeiten wie diese erschaffen.

Also blieb ich auf meinem Posten.

Wirst du auf *deinem* Posten bleiben?

Jetzt ist nicht die richtige Zeit, um in Persien herumzualbern.

Du wurdest für mehr erschaffen
als für launische Könige
und protzige Partys.
Du wurdest dafür erschaffen,
dem allmächtigen Gott zu dienen
und ein Tempel seines Heiligen Geistes
zu sein.

Aber ihr seid anders, denn ihr seid ein auserwähltes Volk. Ihr seid eine königliche Priesterschaft, Gottes heiliges Volk, sein persönliches Eigentum. So seid ihr ein lebendiges Beispiel für die Güte Gottes, denn er hat euch aus der Finsternis in sein wunderbares Licht gerufen. Früher wart ihr kein Volk; jetzt seid ihr das Volk Gottes. Früher habt ihr Gottes Barmherzigkeit nicht empfangen; jetzt aber habt ihr seine Barmherzigkeit empfangen.

Liebe Brüder, in dieser Welt seid ihr ohne Bürgerrecht und Fremde. Deshalb warne ich euch: Lasst euch nicht von den Versuchungen dieser Welt bestimmen, denn sie schaden eurer Seele. Achtet sorgfältig darauf, wie ihr unter euren ungläubigen Mitmenschen lebt. Selbst wenn sie euch eines Unrechts anklagen, wird sie euer einwandfreies Verhalten beeindrucken, und sie werden an Gott glauben und ihm die Ehre geben, wenn er kommt, um die Welt zu richten. (1. Petrus 2,9–12)

Du wurdest für mehr erschaffen als für launische Könige und protzige Partys. Du wurdest dafür erschaffen, dem allmächtigen Gott zu dienen und ein Tempel seines Heiligen Geistes zu sein. Persien hat dir nichts zu bieten. Hollywood kann deine Bedürfnisse nicht stillen. Die teuren Einkaufsstraßen machen große Versprechungen, lassen die Menschen aber leer und ohne Hoffnung zurück. Ein Leben ohne Gott ist es nicht wert, gelebt zu werden.

Werden Mordechai und Ester das erkennen? Werden sie in dieser Geschichte der Dekadenz der Verführung widerstehen können? Wer wird siegen: der Glaube an Gott oder die Fassade? Die Antwort wird dich vielleicht überraschen. Die Antwort wird dich vielleicht zur *Vorsicht* mahnen. Die Helden der Bibel sind nicht immer Helden. Sie sind genau wie du und ich – auch sie albern manchmal auf der falschen Seite des Zaunes herum.

Ich will hier noch nicht zu viel über das nächste Kapitel verraten, deshalb belassen wir es an dieser Stelle dabei, dass unsere Hauptdarsteller schon bald wunde, schmutzige Füße haben werden.

Kapitel 3

Das Mädchen mit den zwei Namen

Ich denke, wenn ich einmal im Himmel bin, werde ich zwei Fragen haben. Keine Beschwerden, weil wir dort keine Beschwerden mehr haben werden. Ich bin mir auch nicht sicher, ob wir noch Fragen haben werden. Falls doch, dann hätte ich gern im Hinblick auf zwei Dinge Klarheit: Stechmücken und die Mittelstufe. War das wirklich nötig? Brauchen wir das tatsächlich? Wäre die Welt ohne diese kleinen, blutsaugenden Schädlinge und diese schwierige Zeit in der Mittelstufe nicht ein besserer Ort?

Als Jugendlicher war ich ein Streber. Ich war fürchterlich schüchtern. Wenn man mich vor die Wahl gestellt hätte zwischen einer Unterhaltung mit einem Mädchen und einer Wurzelbehandlung, wäre ich zum Zahnarzt gegangen. Ich hatte noch zwei Freunde, die ebenso wie ich echte Bücherwürmer waren. Wir waren uncool. Wir zogen uns nicht cool an und benutzten auch nicht die richtigen Ausdrücke. Wir lernten. Wir fochten sogar einen kleinen Wettstreit aus, wer die besten Noten bekam. Wir saßen in jeder Stunde in der ersten Reihe. Wir trugen – und jetzt solltest du dich an deinem Rechenschieber festhalten – Schutzhüllen in der Hemdtasche, falls uns mal ein Kuli auslief! Wir waren echt schräg. Das störte mich so lange nicht, bis einer dieser Verrückten wegzog und der andere anfing, Zeitungen auszutragen. Schneller, als man „allein" sagen konnte, war ich es auch schon. Mit Pickeln im Gesicht, schlaksig und in zwischenmenschlichen Dingen völlig unbeholfen.

Eine Sache sprach für mich: Ich konnte Baseball spielen. Nicht herausragend, aber gut genug, dass mein Vater mich überredete, mich für die D-Jugend zu bewerben. Und ich hatte Glück: Ich wurde genommen. Falls du es nicht wusstest: Diese Altersklasse überbrückt jene herausfordernden Jahre zwischen den Bambini und der Oberstufe. Ich war ein Neuling in einer Mannschaft aus Siebt- und Achtklässlern.

Der erste Trainingstag war ein kalter Märztag. Der Winterwind hielt den Frühling noch in Schach. Der Nordwind ließ das Quecksilber fallen und hielt die kahlen Bäume in seinem Bann, die gerade anfangen wollten auszuschlagen. Meine Mutter drückte mir noch ein Sweatshirt in die Hand, damit ich nicht fror. Darauf befand sich das Abzeichen vom Christlichen College Abilene, ein College für Kunst- und Geisteswissenschaften, auf dem meine Schwestern ihren Abschluss gemacht hatten und wo ich auch einmal hingehen würde. Ich saß schon im Auto und war auf dem Weg zum Training – mein erstes Training mit stattlichen Oberstufenschülern –, als ich den Pulli überzog und die Worte „Christliches College" las. Ich war wie erstarrt. Ich konnte doch dort nicht mit einem Sweatshirt auftauchen, auf dem „Christlich" stand. Coole Jungs sind keine Christen. Wer „in" sein wollte, war kein Christ. Ich konnte beim ersten Mal einfach nicht als Christ auftauchen. Es stand ohnehin schon nicht gut für mich. Ich war ein Klugscheißer und ein Frischling.

Was ich jetzt gestehe, könnte mich mein Amt kosten, aber: Als meine Mutter mich am Spielfeldrand absetzte, wartete ich, bis sie außer Sichtweite war, dann zog ich das Sweatshirt aus. Ich knäulte es zusammen und stopfte es unter die Begrenzung hinter der Home Plate. Ich wollte lieber kurzärmelig spielen und frieren, als das Risiko einzugehen, im Team ausgegrenzt zu werden.

Nein, ich bin nicht gerade stolz auf diese Entscheidung. Der Apostel Paulus sprach vermutlich vom Teenager-Max, als er schrieb: „Deshalb orientiert euch nicht am Verhalten und an den Gewohnheiten dieser Welt, sondern lasst euch von Gott durch Veränderung eurer Denkweise in neue Menschen verwandeln" (Römer 12,2).

Wir können uns anpassen oder von Gott verändern lassen. An jenem Tag beschloss ich, den Pulli zu verstecken.

Ester und Mordechai taten das Gleiche. Sie verbargen ihre wahre Identität. Sie passten sich an.

Beunruhigt es dich ein bisschen, wenn ich das sage? Wir Christen neigen ja dazu, Ester und Mordechai als gefestigte Persönlichkeiten mit Vorbildcharakter zu sehen. Ester ist gewissermaßen die weibliche Version von Daniel und Mordechai ein stahlharter Freiheitskämpfer. Sie zögern und zweifeln nicht, stammeln nicht herum, gehen ihren Verpflichtungen nie aus dem Weg. Immerhin haben sie das jüdische Volk gerettet. Da sollte man ihnen doch Denkmäler errichten. Sie bezogen schließlich mutig Stellung.

Wir können uns anpassen
oder von Gott verändern lassen.

Aber anfangs taten sie das nicht.

Die Personen, von denen wir in der Bibel lesen, sind komplexe Persönlichkeiten, keine platten Filzfiguren, die man in eine Kiste für die Kinderstunde stecken könnte. Mose war ein Mörder, bevor er zum Befreier wurde. Josef war nicht unbedingt ein Sympathieträger, bevor er ein Fürst wurde. Und ja, der Apostel Petrus predigte an Pfingsten über Jesus Christus, aber er hatte am Vorabend der Kreuzigung auch noch geleugnet, ihn zu kennen. Die Menschen in der Bibel waren eben genau das: Menschen. Echte Menschen wie du und ich. Und genau wie du und ich hatten sie gute Phasen – und Phasen, in denen sie mit ihrem Glauben hinter dem Berg hielten.

Das 2. Kapitel im Buch Ester fängt mit den Worten an: „Nach diesen Begebenheiten":

Nach diesen Begebenheiten, als der Zorn des Königs Ahasveros sich gelegt hatte, dachte er zurück an Wasti und an das, was sie getan hatte und was über sie beschlossen worden war. (Vers 1; ELB)

„Nach diesen Begebenheiten." Nach welchen Begebenheiten? Was war zwischen Kapitel 1 und 2 geschehen? Weiter hinten im Text finden wir einen Hinweis darauf: „Ester wurde im zehnten Monat, dem Monat Tebet, im siebten Jahr seiner Herrschaft, zu König Ahasveros in den königlichen Palast gebracht" (Vers 16).

Unsere Geschichte begann aber eigentlich „im dritten Jahr seiner Herrschaft" (Ester 1,3). Vier Jahre waren also vergangen, seit Waschti Xerxes gedemütigt hatte. In diesen vier Jahren hatte Xerxes den ehrgeizigen, aber katastrophalen Versuch unternommen, Griechenland einzunehmen. Man kann wohl annehmen, dass er mittlerweile müde und enttäuscht war. Bei seiner Rückkehr kam ihm vielleicht Waschti in den Sinn. Ihm wurde bewusst, dass er keine Königin mehr hatte. Es streckten sich ihm keine liebenden Arme entgegen, als er durch das goldene Tor ritt. Keine Frau tröstete oder ermutigte ihn. Vielleicht war es auf sein angeschlagenes Ego zurückzuführen, dass er auf den Vorschlag seiner Berater hörte und Waschti durch jemanden ersetzte, „die würdiger ist als sie" (Ester 1,19), was so viel bedeutet wie: jemand, der aufs Wort gehorcht, die Klappe hält und den König gut aussehen lässt.

Daraufhin erging der Befehl, die schönsten Jungfrauen des riesigen Reiches zu versammeln, damit Xerxes sich eine davon aussuchen konnte. Die Schätzungen zur Anzahl der Kandidatinnen reichen von 400 bis 1460.[1] Wenn in der Kinderstunde die Geschichte von Ester erzählt wird, lässt man die grausamen Details gern aus: Von den Mädchen wurde nicht erwartet, dass sie den König liebten, sie sollten ihn nur … unterhalten. Die unerfahrenen und zweifellos zutiefst verängstigten Kandidatinnen mussten ihre eigenen Hoffnungen und Träume zugunsten der Launen eines unsicheren Monarchen ablegen. Diejenigen, die nicht auserwählt wurden, würden bis an ihr Lebensende eine seiner Konkubinen sein. Sie durften nicht zu ihrer Familie zurückkehren. Sie durften den König nur auf seine Aufforderung hin sehen. Die Kinder, die sie von ihm bekommen würden, wären Bedienstete bei Hofe, aber sie wären keine Thronerben.[2] Diese Frauen würden niemals mit einem anderen Mann schlafen, damit niemand von sich sagen könnte, er sei ein besserer Liebhaber als der König.[3]

Das ist krank, ich weiß.

In diesem toxischen Gemisch namens Persien fanden sich

auch ein Jude namens Mordechai und seine Cousine Hadassa wieder.

Nun lebte in der Burg Susa ein Jude namens Mordechai, ein Sohn Jaïrs, vom Stamm Benjamin, der ein Nachkomme von Kisch und Schimi war. Seine Familie war zusammen mit König Jechonja von Juda und vielen anderen Israeliten vom babylonischen König Nebukadnezar aus Jerusalem verschleppt worden. (Ester 2,5–6)

Heute lesen wir diesen Abschnitt recht nüchtern. Vielleicht kommentieren wir diese schwer auszusprechenden Namen, aber das ist auch alles. Aber für einen Juden? Jemand, der in der Thora unterrichtet wurde? Jemand, der gelehrt wurde, seine Identität als Teil von Gottes auserwähltem Volk wertzuschätzen? Bei diesen Lesern würde der Abschnitt ein Stirnrunzeln und ein paar Fragen hervorrufen.

Zum Beispiel, warum Mordechai in der Burg Susa lebte. Das bedeutete nämlich, im Regierungsviertel zu leben. Die Burg war das Zentrum des persischen Einflusses und der Sitz der Regierung. Die meisten Exiljuden lebten weit von der Burg und diesem Zentrum der persischen Macht und Politik entfernt. Mordechai wohnte nicht nur in der Burg, sondern er war auch noch Palastbeamter (Ester 2,19).

Er arbeitete für Xerxes! Er hatte sich mitten ins politische Dickicht hineinbegeben. Wir sind heute zweieinhalb Jahrtausende und Tausende von Seiten in den Geschichtsbüchern davon entfernt, deshalb: Was soll's? Gut für dich, Mordechai. Du hast es in einem fremden Land weit gebracht. Aber was hieß das für die Juden? Für sie war das eine große Sache. Mach dir bewusst, dass Jude sein hieß, berufen und abgesondert zu sein.

Aber Mordechai stand auf der Gehaltsliste eines heidnischen Königs.

Zu allem Überfluss hatte er auch noch einen heidnischen Namen! „Mordechai“ geht auf den Namen eines persischen Gottes zurück: Marduk.[4] Mordechais Göttername setzte also gewissermaßen einem fremden Gott ein Denkmal. Würde ein Jude heutzutage seinen Sohn Mohammed nennen? Würde ein gottesfürchtiger Jude heute im iranischen Militär dienen? Wohl kaum. Wie erklärt es sich dann, dass ein Jude nach einem heidnischen Gott benannt ist und für die Perser arbeitet?

Vielleicht finden wir die Antwort, wenn wir zu einigen schwer auszusprechenden Wörtern zurückgehen: Mordechai war „ein Sohn Jaïrs, vom Stamm Benjamin, der ein Nachkomme von Kisch und Schimi war. Seine Familie war zusammen mit König Jechonja von Juda und vielen anderen Israeliten vom babylonischen König Nebukadnezar aus Jerusalem verschleppt worden“ (Ester 2,5–6). Mordechai lebte also schon in der dritten Generation im Exil – damit war genug Zeit vergangen, dass die jüdische Erziehung langsam verblasste. Mordechai lebte mit dem heidnischen Namen, den man ihm gegeben hatte, und verbarg seine wahren Überzeugungen. Er hatte sein Sweatshirt zusammengerollt und es unter die Begrenzung hinter der Home Plate gestopft.

Und er befahl Ester, es genauso zu machen.

Mordechai hatte eine Cousine mit Namen Hadassa, auch Ester genannt. Er war ihr Vormund, denn sie hatte weder Vater noch Mutter. Die junge Frau hatte eine schöne Figur und ein hübsches Gesicht. Nach dem Tod ihrer Eltern nahm Mordechai sie in sein Haus und zog sie wie seine eigene Tochter auf. (Ester 2,7)

Hadassa geht auf das hebräische Wort für *Myrte* zurück. Einigen rabbinischen Kommentaren zufolge bedeutet *Hadassa* auch *gerecht*.[5] Der Name ist treffend, denn Hadassa sollte sich schon bald für die Gerechtigkeit einsetzen. In Ehrerbietung gegenüber der persischen Göttin Ischtar hieß sie jedoch auch Ester.[6] Wie war sie zu diesem Namen gekommen? Und wie lässt sich Mordechais Entscheidung erklären, Ester zu diesem „Wettbewerb" zu schicken, damit sie Königin von Persien wurde?

Du erinnerst dich sicher noch daran, dass Xerxes Waschti bei unserer ersten Begegnung mit ihr rausgeschmissen hat, weil sie sich weigerte, sich von ihm instrumentalisieren zu lassen. Daraufhin berief er schließlich alle jungen Schönheiten Persiens ein, um die frei gewordene Stelle neu zu besetzen.

Als auf den Erlass des Königs hin viele junge Frauen in der Burg Susa unter der Aufsicht von Hegai versammelt wurden, wurde auch Ester an den Königshof gebracht und in die Obhut des Haremswächters Hegai gegeben. Sie gefiel ihm und erwarb sich seine Gunst. … Ester hatte keinem Menschen von ihrem Volk und ihrer Herkunft erzählt, denn Mordechai hatte ihr befohlen, darüber zu schweigen. (Ester 2,8–10)

Fassen wir einmal zusammen: Mordechai verbarg seine Abstammung und wies seine junge Cousine an, das Gleiche zu tun. Er brachte sie zu einem Jungesellinnen-Casting, wohl wissend, dass eine Aufgabe des Wettbewerbs darin bestand, eine Nacht im Bett eines heidnischen Königs zu verbringen. Und schlussendlich befahl er ihr, dafür zu sorgen, dass der König sich auch gut amüsierte, und gleichzeitig ihre Volkszugehörigkeit geheim zu halten. Und sie befolgte seine Anweisung.

Was um alles in der Welt geht hier vor sich?

Genau wie die Babylonier vor ihnen verlangten auch die polytheistischen Perser von den besiegten Völkern nicht, ihre Götter aufzugeben. „Macht nur“, sagten sie. „Opfert eure Kuh, betet zum Mond, verneigt euch vor euerer Göttin – nur betet auch die persischen Götter an.“

Für die Juden war das problematisch. Nach Aussage der Thora gab es nur einen Gott. Jeder Jude, der sein Matzenbrot wirklich wert war, sagte zweimal am Tag das Schma Jisrael auf: „Hört, ihr Israeliten! Der Herr, unser Gott, ist der einzige Herr. Ihr sollt den Herrn, euren Gott, von ganzem Herzen, von ganzer Seele und mit eurer ganzen Kraft lieben“ (5. Mose 6,4–5). Sie sollten nur Jehova anbeten und außer ihm keine anderen Götter haben. Wie sollten sie sich also in Persien verhalten? Folgende Frage des Psalmisten ist auch die Frage, die das Buch Ester stellt: „Doch wie können wir in einem fremden Land die Lieder des Herrn anstimmen?“ (Psalm 137,4). Wie kann ein gläubiger Mensch in einer ungläubigen Welt leben?

Mordechais und Esters erste Reaktion bestand darin, sich zu verstellen und Kompromisse einzugehen. Ihre Überzeugungen schmolzen unter dem heißen Messer des Pragmatismus dahin wie Butter in der Sonne.

Warum sollten wir es riskieren, den König zu verärgern?

Was sollte es bringen, die Wahrheit zu verraten?

Ich kann doch auch die persischen Götter und Gott anbeten, oder?

Ich kann doch einen anderen Namen annehmen und für den König arbeiten, oder?

Ich kann doch meine Abstammung geheim halten und mit dem König schlafen, oder?

Sie schufen sich eine Welt, in der sie ihre wahre Identität verbargen. Mordechai hielt seine jüdische Abstammung geheim. Ester manövrierte sich durch den Wettbewerb, bei dem eine neue Königin gesucht wurde, ohne zu verraten, dass sie eine Tochter Abrahams war. Als wir Mordechai und Ester kennenlernen, haben sie ihre jüdische Herkunft schon unter mehreren Schichten von Kompromissen begraben.

Und das erinnert mich an eine andere Frage, die ich im Himmel einmal stellen möchte. Ich möchte nicht nur die Sache mit den Stechmücken und der Mittelstufe klären, sondern mich auch gern einen Augenblick mit Mordechai unterhalten. „Warum hast du das getan?", würde ich ihn fragen. „Warum hast du zugelassen, dass sie sie mitnahmen? Du wusstest doch, was passieren würde. Sie würde für eine einzige Nacht herausgeputzt werden und dann ihre Jungfräulichkeit an einen Mann verlieren, dem nichts an ihr lag. Und wenn der sie dann nicht zu seiner Königin machte, würde sie den Rest ihres Lebens abgeschieden in einem Harem verbringen. Wie viele Gesetze der Thora hast du damit gebrochen?"

Ich glaube, Mordechai würde mir eine der beiden folgenden Antworten geben.

- „Max, du warst nicht dabei. Du weißt nicht, wie wahnsinnig Xerxes war. Er war ein unbeständiger, kranker Diktator. Auf diese Weise war meine liebe Ester wenigstens in Sicherheit. Deshalb habe ich ihr gesagt, sie solle niemandem verraten, dass sie Jüdin war. Ich wollte sie beschützen."

Oder:

- „Max, das verstehst du nicht. Das war alles Teil meines Plans. Ich habe schließlich im Palast gearbeitet. Ich war mit Hegai, dem Haremswächter, befreundet. Ich habe ihm von ihr erzählt und ihr von ihm. Wir haben die ganze Sache absichtlich in Bewegung gesetzt. Aber wenn er von ihrer Abstammung gewusst hätte …"

Oder Mordechai könnte aber auch sagen:

- „Max, wer bist du eigentlich, dass du mir Vorhaltungen machst?! Ich bin nicht derjenige, der sich geschämt hat, das fromme Sweatshirt zu tragen."

Und damit hätte er recht gehabt. Wir alle stehen vor der Herausforderung, unsere Identität als Kinder Gottes nicht zu verleugnen. Nicht in Persien, aber auf der Arbeit, in der Schule oder beim Sport. Doch früher oder später müssen wir uns alle damit auseinandersetzen, wer wir wirklich sind und was diese Identität für unser Leben bedeutet.

Wir alle stehen vor der Herausforderung, unsere Identität als Kinder Gottes nicht zu verleugnen.

Wir stehen vor der gleichen Herausforderung wie Mordechai und Ester. Unsere Gesellschaft gesteht jedem seine eigene Glaubensüberzeugung zu – außer, man sagt, dass der eigene Glaube der einzig wahre Glaube ist. Man kann tun, was man will, solange man die anderen ebenfalls gewähren lässt. Toleranz wird in unserer Gesellschaft großgeschrieben. Paradoxerweise sind aber die Verfechter der Toleranz intolerant gegenüber einer Religion wie dem Christentum, die an *einen* Retter und *eine* Lösung für das grundlegende Problem der Menschen glaubt: die Sünde. Glaubt man also, dass Jesus der einzige Retter ist, bedeutet das, dass man die Verachtung Persiens auf sich zieht.

Sind wir nicht alle hin und wieder versucht, das Sweatshirt auszuziehen? Gottes Botschaft für solche Augenblicke ist klar: Denk dran, wer du bist. „Seht, was für eine Liebe unser himmlischer Vater uns geschenkt hat, nämlich, dass wir seine Kinder genannt werden – und das sind wir auch!" (1. Johannes 3,1).

Wahrscheinlich kennen alle Eltern, deren Kind schon einmal in einem Ferienlager war oder zum Studium fortgezogen ist, das Gefühl, wenn man beim Abschied vor Angst einen trockenen Mund bekommt. Man sucht fieberhaft nach den richtigen Worten. Welchen Rat kann ich meinem Kind mitgeben? Welche Weisheit zum Abschied mit auf den Weg? Obwohl jeder es ein wenig anders formuliert, läuft es doch meistens auf Folgendes hinaus: „Ich liebe dich. Vergiss das nicht. Und vergiss nicht, wer du bist. Du gehörst zu mir!"

Weißt du, wer du bist? Und zu wem du gehörst? Du bist ein Träger von Gottes Gegenwart in dieser Welt – erschaffen für dein ewiges Zuhause bei Gott. Du bist ein Bürger des Himmels. Pickel im Gesicht und schlaksig? Egal! Du bist ein Bürger des Himmels. Einzigartig in der gesamten Schöpfung. Durch das, was Jesus Christus getan hat, für ein Leben in der Ewigkeit bestimmt. Der Teufel hat keine Macht über dich. Die Dämonen kriegen dich nicht. Und auch die Gesellschaft kann dich nicht unterkriegen. Was die Leute über dich denken, ist völlig unerheblich. Du gehörst zu deinem himmlischen Vater.

Du bist ein Träger von Gottes
Gegenwart in dieser Welt –
erschaffen für dein
ewiges Zuhause bei Gott.

Vor ein paar Wochen wurde ich unerwartet daran erinnert, wer ich bin. Meine Frau und ich fuhren in meine Heimatstadt, um dort das Grab meiner Eltern zu besuchen. Auch wenn unser letzter Besuch schon zehn Jahre her war, hatten wir kein Problem, ihr Grab zu finden. Es ist das einzige Grab mit einer Virginia-Eiche darauf. Auf dem Friedhof gibt es viele Bäume, aber nur eine Virginia-Eiche. Ich kann nicht erklären, warum mein Vater diese Baumart so mochte. Sie hat einen knorrigen, gewundenen Stamm und neigt dazu, in alle möglichen Richtungen zu wachsen. Aber aus irgendeinem Grund mochte mein Vater sie so sehr, dass er eine davon auf das Grab pflanzte. Bei ihm war gerade ALS diagnostiziert worden, und weil er seine Angelegenheiten ordnen wollte, bat er um die Erlaubnis, diesen Baum pflanzen zu dürfen.

Er nahm mich mit, um ihn mir zu zeigen. Es war ein junger Setzling. Der Stamm war noch so dünn, dass ich ihn mit der Hand umfassen konnte und meine Finger sich berührten. Das war vor dreieinhalb Jahrzehnten. Heute ist der Stamm so dick wie der Brustumfang eines erwachsenen Mannes und die Zweige reichen weit über das Grab hinaus. Aber es war nicht die Größe des Baumes, die mich beeindruckte, sondern das, was mein Vater eingeritzt hatte.

Ein Herz. Es war mir nie aufgefallen. Er hatte es hineingeätzt und die Rinde innen herausgekratzt, sodass das Herz mit dem Baum mitwuchs. In diesem Herz stehen die Initialen seiner Kinder. Als der Baum noch klein war, war auch das Herz klein. Aber je größer der Baum wurde, desto größer war auch die Botschaft darin zu sehen. Er hat uns nie erzählt, dass er das getan hatte. Ich vermute, er wollte uns eine Überraschung hinterlassen. Er wusste, dass wir manchmal diese Erinnerung an seine

Liebe brauchen, also hat er die Botschaft in den Baumstamm eingekerbt: *Ihr habt einen Platz in meinem Herzen.*

Dein himmlischer Vater hat das Gleiche gemacht. Nicht mit einer Virginia-Eiche, sondern mit einem Kreuz. Nicht mit einer Schnitzerei, sondern mit dem Blut von Jesus Christus. Jahre sind vergangen, und das Herz am Kreuz, die Botschaft des Kreuzes, ist immer größer geworden.

Dem Teenager-Max sagt Gott: „Schau auf Jesus Christus, der am Kreuz von Golgatha hängt. Ich will dir sagen, wer du bist. Durch das, was Jesus dort getan hat, bist du etwas ganz Besonderes."

Du wirst deine Sweatshirt-Momente haben und ich auch. Denk in diesen Augenblicken daran, wer du bist.

Und denk daran, dass die Geschichte von Mordechai und Ester nicht nach dem 2. Kapitel endet. Du bist nur eine Seite von einer Lebenswende entfernt, die sich schon im 5. Jahrhundert vor Christus ereignet hat. Unser Zweiergespann wird sich an seine Identität erinnern, die versteckten Sweatshirts hervorkramen und sie wieder anziehen. Sie werden Gottes Einladung annehmen, mit ihm gemeinsame Sache zu machen, und Gott, der seinen Kindern immer gern eine zweite Chance gibt, wird ihnen auch sofort eine Aufgabe geben.

Ich wünschte, ich könnte berichten, dass ich das auch getan habe. Aber das habe ich nicht. Ich bin an jenem Tag beinahe erfroren, als ich kurzärmelig auf der linken Spielfeldhälfte stand. Manchmal halten wir nicht deshalb nach dem Frühling Ausschau, weil das eben Gottes Wille für uns ist, sondern wegen unserer eigenen Dummheit.

Ist es Zeit für dich, die Kälte hinter dir zu lassen?

2. Akt

Die Krise

Mut in einem feindseligen Land

Mordechai hatte an diesem Morgen nichts Besonderes vor. Er wusch sich das Gesicht und nahm sein Frühstück aus Feigen und Granatäpfeln zu sich. Anschließend zog er eines der Obergewänder aus der umfangreichen Garderobe an, die er sich über die Jahre zugelegt hatte, und verließ das Haus. Er schlenderte den kurzen Weg zum Stadttor entlang.

Die Sonne schien warm von einem blauen Himmel herab. Die Händler waren geschäftig. Hunde bellten. Kinder spielten. Er griff sich eine Handvoll Nüsse aus dem Korb eines Händlers und warf diesem eine Münze zu. Er grüßte Kollegen und verneigte sich vor den eintreffenden Würdenträgern. Sie kamen jeden Tag. Alle wollten eine Audienz bei Xerxes, um in den Genuss seines Segens, seines Geldes, seiner Gunst oder eines Bündnisses zu kommen. Mordechai und andere sorgten dafür, dass sie begrüßt und sorgfältig ausgewählt wurden.

Als Mordechai auf den Torbogen zuging, hörte er, wie jemand seinen Namen rief. „Mordechai!"

Er drehte sich um und sah Hegai, den Vorsteher des Harems.

„Du bist früh unterwegs, mein alter Freund", erwiderte Mordechai. „Verteilt jemand Essen umsonst?"

Er erwartete ein Lächeln. Vergebens. Stattdessen folgte nur ein atemloser Bericht.

„Er wird jeden Moment eintreffen. Du solltest nicht in der Nähe sein, wenn er vorbeikommt."

Mordechai sah Hegai an und nickte. Haman war einer dieser Menschen, denen man um jeden Preis aus dem Wege gehen sollte. Seit der König ihn zum Vizeregenten ernannt hatte, wuchs die Spannung in der Burg stetig. Haman fuhr jeden wütend an. Er verteilte bellend Befehle und erwartete strikten Gehorsam. Der König hatte verlangt, dass alle sich in Hamans Gegenwart verneigten, aber Mordechai und Hegai wussten, dass dieser Befehl keine Idee des Königs gewesen war. Die beiden Männer liefen in den Schatten. Bislang war es ihnen gelungen, diesem Verbrecher und seinem Gefolge aus dem Weg zu gehen. Aber diesmal gelang es ihnen nicht.

„Macht den Weg frei für den Mann des Königs!", rief ein Soldat. „Haltet inne und verneigt euch!"

Hegai fluchte leise. „Wir werden zu alt. Nächstes Mal müssen wir schneller laufen."

Er kniete sich auf den Boden und wollte seinem Freund etwas zuflüstern, aber Mordechai stand weiterhin ruhig neben ihm. Hegai warf einen Blick zum Tor. Die großen Torflügel waren geöffnet. Pferde und Reiter waren bereits in Sicht. Haman würde jeden Moment erscheinen. Und Mordechai? Er stand weiterhin.

„Mordechai!", flüsterte Hegai eindringlich. „Runter mit dir!"

Doch Mordechai schenkte ihm keine Beachtung. Zorn und Entschlossenheit standen ihm ins Gesicht geschrieben. Hamans Anblick hatte eine unterdrückte Wut in ihm geweckt.

„Du da!“, befahl ein Soldat. „Knie nieder vor dem Mann des Königs!“

Doch Mordechai starrte ihn nur an. Der eingetroffene Haman hielt inne. Ihre Blicke trafen sich.

Kapitel 4

Er lehnte es ab, sich zu verneigen

Im Februar 2015 enthaupteten Terroristen des IS 21 Christen an einem Strand in Libyen. Ein Video zeigt die Männer unmittelbar vor ihrer Hinrichtung, wie sie laut zu Jesus riefen und stille Gebete sprachen. Bei den meisten von ihnen handelte es sich um ägyptische Gastarbeiter, die im Ausland arbeiteten, um zu Hause ihre Familien ernähren zu können.

Mitglieder des IS schlachteten diese Männer ab, um die Welt in Schrecken zu versetzen. Die Reaktionen der betroffenen Familien vermittelten allerdings eine völlig andere Botschaft. Die Mutter eines 25-jährigen Opfers sagte: „Ich bin stolz auf meinen Sohn. Er hat bis zu seinem Tod an seinem Glauben festgehalten. Ich danke Gott dafür … Er sorgt jetzt für ihn.“[1]

Ein Priester berichtete über seine Gemeinde, der 13 der Männer angehört hatten: „Die gesamte Gemeinde kam in der Kirche zusammen, um für ihre Rückkehr zu beten. Doch in späteren Gebeten baten sie dann, dass sie, falls sie sterben mussten, für ihren Glauben sterben würden. Und genau das ist passiert. Die Gemeinde wächst sogar an dieser Erfahrung – seelisch und geistlich.“[2]

Die Männer hätten nicht sterben müssen. Ein einfaches Bekenntnis zu Allah hätte dazu geführt, dass die Täter ihre Macheten gesenkt und ihnen ihr Leben geschenkt hätten.

Was hättest du getan?

Das ist nicht nur eine rein theoretische Frage. Du siehst dich vielleicht nicht Macheten und Terroristen gegenüber, aber musst du dich nicht auch Kritik und Vorurteilen stellen? Deine Familie macht sich vielleicht über deinen Glauben lustig. Dozenten reißen Witze über deinen Gott. Kollegen tratschen über deine Überzeugungen. Hast du manchmal das Gefühl, ganz allein zu sein?

Mordechai ging es jedenfalls so.

Es waren ganze fünf Jahre vergangen, seit Ester zur Königin ernannt worden war (Ester 2,16–17 und 3,7). Das Leben hatte es mit ihr und Mordechai gut gemeint. Sie lebte im Luxus. Er hatte eine einflussreiche Position inne. Beide hielten ihre jüdische Abstammung jedoch weiterhin geheim. Was die anderen Menschen anging, waren sie waschechte Perser. Alles war in Ordnung – bis Mordechai zufällig Zeuge eines Mordkomplotts wurde:

Eines Tages, als Mordechai im Palast Dienst tat, ärgerten sich zwei der Eunuchen des Königs, Bigtan und Teresch, die Wachen an der Tür zu den Privatgemächern des Königs waren, über König Ahasveros und schmiedeten ein Mordkomplott gegen ihn. Doch die Sache kam Mordechai zu Ohren und er sagte es Königin Ester. Diese erzählte dem König davon und sagte ihm auch, dass Mordechai sie über die Verschwörung unterrichtet hatte. Als man Nachforschungen anstellte und sich Mordechais Bericht als wahr erwies, wurden die beiden Männer an Galgen gehängt. Der ganze Vorfall wurde im Buch der Geschichte von König Ahasveros' Herrschaft aufgezeichnet. (Ester 2,21–23)

Die persischen Äquivalente von John Wilkes Booth (der Abraham Lincoln ermordete) und Lee Harvey Oswald (der mutmaßliche Mörder von John F. Kennedy) hatten sich verschworen, um König Xerxes umzubringen. Aber weil sie mit ihren Plänen nicht hinter dem Berg halten konnten, brachte sie das in Schwierigkeiten. Mordechai hatte von der Verschwörung Wind bekommen, setzte Ester davon in Kenntnis, und die beiden baumelten schließlich am Galgen.

Und das war's. Keine weiteren Details. Keine öffentliche Anerkennung für Mordechai. Mehr wird über diese beiden Personen nicht berichtet. Es gibt keinerlei Erklärungen. Meine Lektoren hätten mir diese Passage angestrichen und an den Rand geschrieben: „Warum hast du diese Geschichte eingefügt? … Wer sind diese Leute genau? … Was passierte dann?"

Eine mögliche Antwort findet sich im ersten Vers des nächsten Kapitels: „Einige Zeit später erhöhte König Ahasveros Haman, den Sohn von Hammedata, den Agagiter. Er beförderte ihn und unterstellte ihm alle seine Mitfürsten" (Ester 3,1).

Xerxes war wieder einmal bloßgestellt worden. Seine erste Frau hatte sich ihm widersetzt und jetzt hatten zwei Untertanen Mordpläne gegen ihn geschmiedet. Er behauptete von sich selbst, Herr über das größte Königreich der Welt zu sein, und doch drohte ihm aus seinem eigenen Lager Gefahr. Er musste etwas unternehmen! Und deshalb machte er einen strengen, gnadenlosen Mann zum Wesir – „Haman, den Sohn von Hammedata, den Agagiter". Lies nicht zu schnell über diese fremdartig klingenden Worte in der Einleitung hinweg. Haman war der Sohn von *Hammedata, dem Agagiter*. Ein Agagiter war ein Nachkomme von Agag, dem König der Amalekiter. Die Amalekiter waren die ältesten Feinde des Volkes Israel. Kaum hatten die Israeliten damals die ägyptische Gefangenschaft hinter sich gelassen, da „wurden sie von den Amalekitern angegriffen" (2. Mose 17,8).

Warum sollte ein Kriegerstamm seinen Zorn gegen ehemalige Sklaven richten? Mose und seine Leute besaßen schließlich kein Land. Ihnen gehörte kein Gebiet. Sie hatten die Amalekiter nicht verärgert. Warum dann dieser Guerillakrieg gegen das Volk Israel?

Und warum auf so schreckliche Weise? Mose rief dem Volk die Grausamkeit der Gegner in Erinnerung, als er die Israeliten ermahnte: „Denkt daran, was die Amalekiter euch angetan haben, als ihr aus Ägypten kamt. Sie griffen euch an, als ihr müde und erschöpft wart, und brachten alle um, die geschwächt am Ende eures Zuges gingen. Sie hatten keine Ehrfurcht vor Gott. … [Ihr] sollt … die Amalekiter vernichten, sodass sich niemand mehr an sie erinnert. Vergesst das niemals!" (5. Mose 25,17–19).

Die Amalekiter nahmen sich also die Nachzügler vor: die Alten, die Kranken, die Witwen, die Menschen mit körperlichen Beeinträchtigungen. Sie hatten nicht einmal den Mut, vorn anzugreifen. Mose erkannte diese bösen Menschen als das, was sie waren: Werkzeuge des Satans. Der Teufel hasste die Juden. Er wusste, dass Gott die ganze Welt durch Jesus retten wollte, und deshalb plante er, dessen Familienstammbaum zu zerstören, bevor er Frucht tragen konnte. Nach dem Sieg über die Amalekiter in der Wüste versprach Gott: „‚Ich werde die Amalekiter vernichten, sodass sich niemand mehr an sie erinnern wird.' Mose … sagte: ‚Schwört dem Herrn Treue! Der Herr führt Krieg gegen die Amalekiter von Generation zu Generation'" (2. Mose 17,14–16).

Gott ging sogar so weit, König Saul zu befehlen, alle Amalekiter zu vernichten und ihre Tiere noch dazu. Doch Saul ließ den

König und die besten Schafe am Leben. Und der Name dieses Königs? Agag. Haman war also ein Nachkomme dieses alten, antisemitischen Volkes. Judenhass lag ihm im Blut.

Mordechai war wiederum ein Nachkomme von Saul, ein Benjaminiter (Ester 2,5). Sauls Weigerung, Gott zu gehorchen und Agag zu vernichten, war ein unablässiger Schandfleck auf dem Erbe der Benjaminiter.

Als Mordechai Haman in Susa begegnete, begegneten sich folglich nicht einfach nur zwei Männer in einer Burg. Hier trafen eintausend Jahre Vorurteile und Hass aufeinander.

Haman und sein Hass sorgten also für eine gehörige Portion Dramatik, als er Mordechai am Tor stehen sah. „Alle Mitarbeiter der königlichen Verwaltung mussten sich als Zeichen ihrer Ehrfurcht vor Haman verneigen und sich auf die Knie werfen; so hatte es der König befohlen. Mordechai aber wollte sich weder vor ihm verneigen noch sich vor ihm auf die Knie werfen" (Ester 3,2).

Jemand sollte diesen Augenblick mal zeichnen. Im Hintergrund das hoch aufragende Tor. Der boshafte Haman mit seinem Gefolge. Persische Hofbeamte, die das Gesicht zu Boden gewandt haben. Und mittendrin ein einzelner Mann, der hoch erhobenen Hauptes dasteht: Mordechai. Mit einem Rückgrat so gerade wie der Mast eines Segelschiffs.

Das war der Augenblick, in dem Mordechai sich weigerte, sich zu verneigen.

Sein Widerstand ging auch an den folgenden Tagen weiter. „Tag für Tag redeten" ihm seine Kollegen bei Hofe „zu, doch er hörte nicht auf sie". Schließlich erfuhren sie, warum: „Mordechai hatte ihnen gesagt, dass er Jude war" (Vers 4).

Nun war es passiert. Seine Tarnung war aufgeflogen. Mordechai hatte seine Maske abgenommen. Er hatte sein gesamtes Leben lang über seine Volkszugehörigkeit geschwiegen und Ester beigebracht, das Gleiche zu tun. Der Tonfall, die Erscheinung, die Sprache und das Verhalten der beiden war so persisch, dass sie sogar den König heiraten und er für diesen arbeiten konnte, ohne dass jemand auf die Idee kam, dass sie Nachkommen Abrahams waren. Aber ein Blick auf Haman veränderte alles. Mordechai würde sich nicht vor einem Feind von Gottes auserwähltem Volk verneigen.

Und Haman ging regelrecht in die Luft. Wenn du dir Ester 3,5–6 an die Nase hältst und daran riechst, fällt dir vielleicht ein schier teuflischer Gestank daran auf:

Als Haman bemerkte, dass Mordechai sich weder vor ihm verneigte noch sich vor ihm auf die Knie warf, packte ihn Wut. Doch es genügte ihm nicht, nur Mordechai etwas anzutun. Da man ihn inzwischen auch über Mordechais Volkszugehörigkeit unterrichtet hatte, plante er, alle Juden im ganzen Königreich von Ahasveros als Volk Mordechais zu vernichten.

Es genügte nicht, nur Mordechai das Leben schwer zu machen. Es genügte nicht, den unbeugsamen Juden zu töten. Haman beschloss, es zu seiner Mission zu machen, das auserwählte Volk Gottes mit Stumpf und Stiel auszurotten.

Das war blanker Rassismus. Haman fühlte sich nur wegen seiner Abstammung einem ganzen Volk überlegen. Als hätte er das Recht, mit Menschenleben zu spielen, nahm Haman die sogenannten *Purim* (so etwas wie Würfel), warf das Los und legte so den Tag der Hinrichtung auf einen Termin in elf Monaten fest. Dann ging er zum König und teilte diesem mit:

„Es gibt ein Volk, das zerstreut und abgesondert unter den Völkern in allen Provinzen deines Reiches lebt. Das Gesetz dieses Volkes unterscheidet sich vom Gesetz aller anderen Völker, und seine Angehörigen halten sich nicht einmal an die Gesetze Ihrer Majestät. Deshalb liegt es nicht im Interesse Ihrer Majestät, sie unbehelligt zu lassen. Wenn es Ihrer Majestät genehm ist, so erlassen Sie ein Dekret, sie zu vernichten; im Gegenzug gebe ich den Schatzmeistern 10.000 Talente Silber, die sie in die königliche Schatzkammer bringen sollen.“ (Ester 3,8–9)

Haman war bereit, für das Recht, die Juden auszulöschen, fast 18 Millionen Euro[3] zu zahlen.[4] Wir wussten ja schon, dass Haman ein böser Mensch war und Xerxes das Rückgrat einer Qualle hatte. Aber nichts konnte uns auf diese gleichgültige Entscheidung vorbereiten, die eine ethnische Säuberung nach sich zog.

Der König zog seinen Siegelring vom Finger und reichte ihn Haman … „Behalte das Geld“, sagte der König zu Haman. „Und dieses Volk – mach mit ihm, was du willst.“

Am 13. Tag des ersten Monats wurden die Schreiber des Königs zusammengerufen. Haman diktierte ihnen ein Schreiben an die Satrapen des Königs, die Statthalter der einzelnen Provinzen und die Fürsten der verschiedenen Völker. Es wurde in der jeweiligen Landessprache und -schrift geschrieben. Die Briefe wurden im Namen des Königs Ahasveros verfasst und mit seinem Ring besiegelt. …

Auf Befehl des Königs zogen die schnellsten Kuriere hinaus … Dann setzten sich der König und Haman nieder, um ein Gelage abzuhalten. In der Stadt Susa aber herrschte Bestürzung. (Ester 3,10–12.15)

Für den König und seine rechte Hand waren Menschenleben so bedeutungslos, und sie verachteten die Juden so sehr, dass sie ein Blutbad befahlen und anschließen noch Cocktails schlürfen konnten.

Man beachte, dass nicht nur die Juden über diese Entscheidung völlig außer sich waren – die ganze Stadt war aufgebracht. Sie erkannten: Mit der gleichen Leichtigkeit konnte Haman sich genauso gut auch gegen sie wenden. Was wäre, wenn er plötzlich etwas gegen Ladenbesitzer, Bauern oder Linkshänder hätte? Wenn der Sheriff ein Feigling und sein Stellvertreter ein Despot ist, ist alles möglich.

Haman sandte Kuriere in alle Provinzen des Reiches. In ihrer Tasche hatten diese einen Befehl und ein Angebot. Der Befehl? Tötet die Juden. Das Angebot? Plündert ihren Besitz. Bis zum großen Tag, auf den das Los gefallen war, waren es noch elf Monate. *Sollen sie doch im Elend leben*, muss Haman sich gedacht haben. Aber was Haman nicht wusste: „Die Würfel können wir werfen, aber wie sie fallen, bestimmt der Herr" (Sprüche 16,33).

Nicht der Zufall hatte das Datum bestimmt, sondern Gott. Auch wenn sein Name in dieser Geschichte nicht vorkommt, zeigt sie doch, dass er nicht untätig war. Es war nämlich Gott, der dieses Datum elf Monate hinausgezögert hatte, damit sein Plan sich entfalten konnte. Es war Gott, der Mordechai an seine Abstammung und Identität erinnert hatte. Und es war Gott, der ihn dazu brachte, für das einzutreten, was richtig war.

Und Gott wird auch dir den Mut schenken, das Gleiche zu tun.

Können wir mal einen Augenblick ganz offen sprechen? Du bist müde, verletzt und machst dir Sorgen. Müde von all den Problemen, verwundet von den ständigen Kämpfen und besorgt darüber, dass dieser Winter niemals vorübergehen wird. Genau wie Mordechai und Ester hast du vielleicht das Gefühl, dass du weit von zu Hause entfernt bist. Jemand hat das Tau deines Lebensschiffes durchgeschnitten und jetzt treibst du auf dem weiten Ozean. Ja, Persien kann wirklich ein schrecklicher Ort sein. Dem würde niemand widersprechen. Aber Persien kann auch eine Brutstätte für schlechte Entscheidungen sein. Deshalb bitte ich dich eindringlich: Mach es nicht noch schlimmer, indem du dich vor deinem „Haman" verneigst.

Jemand, der mit Jesus unterwegs ist und in einer Welt lebt, die nichts von ihm wissen will, braucht Mut und Entschlossenheit. Man wird dich sicher nicht auffordern, vor einem persischen Tyrannen niederzuknien. Die Wahrscheinlichkeit, dass du vom IS verfolgt wirst, ist sehr gering. Dennoch ist es sehr wahrscheinlich, dass auch du hin und wieder vor der Herausforderung stehen wirst, deine Überzeugungen zu verraten oder angesichts von Ungerechtigkeit und belastenden Dingen zu schweigen. Auch du wirst solche Mordechai-Momente erleben.

- Dein Dozent ist dafür bekannt, dass er sich über Christen lustig macht. Kurz vor Ostern lässt er eine Schimpftirade über den christlichen Glauben vom Stapel. „In diesem Kurs glaubt doch wohl niemand allen Ernstes, dass Jesus von den Toten auferstanden ist, oder? Hebt die Hand, wenn ihr das glaubt." Wie wirst du reagieren?
- Du lebst seit einem Monat von deiner Familie getrennt. Dieser Auslandseinsatz ist zwar gut für die Karriere deines Mannes, aber schlecht für deine Ehe. Die Telefonate mit deinem Mann sind spannungsgeladen. Er ist weit weg. Du bist einsam. Einer deiner Kollegen ist attraktiv, sehr aufmerksam

und noch zu haben. Das hat er dir heute im Büro zu verstehen gegeben. Und er wiederholt diese Botschaft auch in einer Textnachricht: „Kann ich rüberkommen?“ Was wirst du ihm antworten?

- Während du mit deinen Kumpels vom Kegelverein einen Burger isst, erzählt einer von ihnen einen rassistischen Witz. Du hättest nie gedacht, dass deine Freunde fremdenfeindlich sein könnten, aber sie amüsieren sich alle köstlich über diese geschmacklose Geschichte. Wirst du mit ihnen lachen?
- Du bist neu im Verkaufsteam. Es gibt nicht viele Jobangebote und du willst diese Gelegenheit nicht vermasseln. Die anderen laden dich anlässlich deines Einstands zum Abendessen ein. Dabei musst du zu deiner Überraschung feststellen, dass sie sich offen darüber austauschen, wie sie ihre Spesenkonten frisieren. „Wir lassen uns nicht erwischen“, erklärt einer, „schließlich machen wir alle dabei mit. Du doch auch, oder?“ Alle blicken dich erwartungsvoll an und warten auf deine Antwort. Was wirst du sagen?

Mordechai-Momente. Augenblicke, in denen wir unser wahres Gesicht zeigen müssen – in denen wir zeigen müssen, wem unsere Loyalität gilt. Alle verneigen sich – was machst du?

Mordechai hatte mehrere Möglichkeiten. Er hätte sagen können: „Ich verbeuge mich äußerlich, aber nicht im Herzen.“ Oder er hätte seine Verbeugung damit rechtfertigen können, dass sie ihn auch beruflich weiterbringen würde. Oder er hätte tun können, was er tatsächlich tat: Stellung beziehen.

Ich möchte dich einladen, das Gleiche zu tun.

Es ist wichtig, dass wir Widerstand leisten.

Jemand, der mit Jesus
unterwegs ist
und in einer Welt lebt,
die nichts von ihm wissen will,
braucht Mut
und Entschlossenheit.

Lange nachdem man all die Menschen vergessen hat, die sich angepasst haben, weil es leichter war, wird man sich noch an den Mut derer erinnern, die das nicht getan haben. Denk an das berühmte Foto des Mannes, der sich weigerte, die Hand zum Hitlergruß zu erheben. Niemand hat Mordechais Widerstand auf Leinwand festgehalten. Aber was ist mit den verschränkten Armen von August Landmesser? Betrachte die Schwarz-Weiß-Fotografie von einer Versammlung in Hamburg im Jahre 1936 einmal genau, dann kannst du ihn mitten in einem Meer von Nazi-Getreuen entdecken. Hitler war damals in die Hansestadt gekommen, um ein Marineschiff zu taufen. Hunderte von Armen streckten sich ihm zum Gruß entgegen. Alle riefen: „Sieg Heil!"

Alle außer einem. Der 26-jährige Landmesser war der einzige Arbeiter, der den Gruß verweigerte.

Er war nicht immer ein Regimekritiker gewesen. Ursprünglich war er sogar treues Mitglied der NSDAP – zwei Jahre lang, bis er 1933 Irma Eckler kennenlernte. Ihre Liebesgeschichte hatte nur einen Haken: Eckler war Jüdin. Landmesser wurde aus der Partei ausgeschlossen und man verweigerte ihm die Heiratserlaubnis.

Ende 1935 bekam das Paar ein Kind. Als 1936 dieses Foto entstand, war Hitlers Antisemitismus weithin bekannt. Ist es da noch verwunderlich, dass Landmesser den Hitlergruß verweigerte? Er hatte sich in eine jüdische Frau verliebt, ihm war das Recht, sie zu heiraten, verweigert worden, und er war Vater einer halbjüdischen Tochter.

1937 versuchte das Paar, Deutschland zu verlassen und nach Dänemark zu ziehen. Er wurde jedoch wegen „Rassenschande" an der Grenze festgenommen. Die Behörden forderten

Landmesser auf, sich von Eckler zu trennen, doch dieser weigerte sich. 1938 wurden beide festgenommen. Er wurde in ein Konzentrationslager gesteckt. Sie kam ins Gefängnis, wo sie ihre zweite Tochter zur Welt brachte.

Sie sahen sich nie wieder. Eckler starb 1942. Landmesser wurde 1944 zum Wehrdienst eingezogen und kurz nach Kampfhandlungen in Kroatien als vermisst gemeldet.[5]

War es das wert? Die Tatsache, dass wir noch heute über seine Geschichte sprechen, ist schon Teil der Antwort. Niemand ermutigt der Anblick einer Menge, die einem Diktator huldigt. Aber wen inspiriert es nicht, einen Menschen zu sehen, der seinen Überzeugungen treu bleibt?

Landmesser verschränkte die Arme.

Die ägyptischen Christen verleugneten ihren Glauben nicht.

Mordechai weigerte sich, sich zu verneigen.

Und du? Mordechais Weigerung, sich vor Haman zu verbeugen, war das erste Glied in einer Reihe von mutigen Taten, die zur Rettung seines Volkes führen würden. *Deine* Entschlossenheit könnte die entscheidende Tat sein, die ebenfalls ein Bollwerk zum Einsturz bringt.

Entscheide dich jetzt, was du dann tun wirst.

Warte nicht erst, bis der Augenblick kommt. In der Krise kannst du keinen Fluchtplan mehr schmieden. Wenn du bereits in den Armen deines Freundes oder deiner Freundin liegst, ist das nicht der richtige Augenblick, um darüber nachzudenken, ob das für dich in Ordnung ist. Wenn du in der Abschlussprüfung steckst, ist das nicht der richtige Zeitpunkt, um dich dafür zu entscheiden, doch ehrlich zu sein. Es hat einen Grund, warum die Flugbegleiter den Passagieren die Notausgänge zeigen, bevor das Flugzeug abhebt. Wenn wir uns im freien Fall befinden, können wir nicht mehr klar denken. Die Entscheidung, der Versuchung zu widerstehen, muss man treffen, bevor die Versuchung anklopft.

Die Entscheidung, der Versuchung zu widerstehen, muss man treffen, bevor die Versuchung anklopft.

Mordechai weigerte sich nicht nur, sich in dieser Situation zu verbeugen, sondern er hatte auch beschlossen, sich künftig niemals, unter keinen Umständen zu verneigen. Dieser Bibelvers ist im Futur geschrieben, nicht in der grammatikalischen Vergangenheitsform. Das Futur deutet die Entschlossenheit an, seine Meinung nie zu ändern, ganz gleich, wie Haman reagieren würde.[6] Genauso entschlossen war übrigens auch Hiob gewesen: „Ich habe einen Bund mit meinen Augen geschlossen, dass ich keine Jungfrau mit begehrlichem Blick anschauen will" (Hiob 31,1). Und Daniel „nahm sich in seinem Herzen vor, dass er sich mit des Königs Speise und mit dem Wein, den dieser trank, nicht unrein machen wollte" (Daniel 1,8; LÜ).

Entscheide *jetzt*, was du *dann* tun wirst. Und denke daran: *Wenn du für Gott einstehst, wird er dir beistehen.*

Etwa 150 Jahre zuvor hatten sich drei andere Hebräer ebenfalls geweigert, sich ehrerbietig zu verneigen. Der babylonische König Nebukadnezar hatte eine goldene Statue anfertigen lassen, die fast 30 Meter hoch und 3 Meter breit gewesen war. Dann hatte er allen Bewohnern befohlen, sich davor niederzuwerfen (Daniel 3,1 ff.).

[Ein] Herold [verkündete] mit kräftiger Stimme: „Ihr Völker, Nationen und Sprachen, hört den Befehl des Königs! Wenn ihr den Klang von Horn, Panflöte, Zither, Lyra, Harfe, Sackpfeife oder anderer Musikinstrumente hört, müsst ihr euch zu Boden werfen und das goldene Standbild anbeten, das König Nebukadnezar anfertigen ließ. Wer sich aber nicht zu Boden wirft, um die Statue anzubeten, wird sofort in einen glühenden Ofen geworfen." (Daniel 3,4–6)

Eine wirklich interessante Strategie für Gemeindewachstum: *Komm zum Gottesdienst, sonst wirst du am Spieß gebraten.* Alle machten mit, mit Ausnahme von drei Juden. Daraufhin wurde dem König Folgendes berichtet:

„Es gibt hier einige hochgestellte jüdische Männer – Schadrach, Meschach und Abed-Nego –, die du zu Verwaltern der Provinz Babel bestellt hast. Sie haben sich, o König, nicht um deinen Befehl gekümmert: Sie verehren deine Götter nicht und beten auch die goldene Statue nicht an, die du hast aufstellen lassen."

Da befahl Nebukadnezar voll Zorn und Wut, Schadrach, Meschach und Abed-Nego zu holen. … „Wenn ihr, sobald ihr den Klang der Musikinstrumente hört, niederfallt und die Statue anbetet, die ich anfertigen ließ, ist alles gut. Wenn ihr dazu aber nicht bereit seid, sollt ihr sofort in den glühenden Feuerofen geworfen werden. Und wer ist der Gott, der euch vor meiner Strafe retten könnte?"

Schadrach, Meschach und Abed-Nego aber antworteten dem König: „O Nebukadnezar, wir wollen uns gar nicht vor dir rechtfertigen." (Daniel 3,12–16)

So etwas passiert, wenn man „im Exil“ ist. Ganz gleich, wie viel Weisheit und Taktgefühl du besitzt, wie demütig du bist, wie freundlich du deine Überzeugungen vertrittst und wie oft du dich geweigert hast, über irgendetwas zu streiten: Die Zeit wird kommen, wenn dein Glaube unter Beschuss gerät. Man wird von dir verlangen, etwas zu tun, das nicht richtig ist.

Schadrach, Meschach und Abed-Nego waren in dieser Situation nicht bereit nachzugeben.

Nebukadnezar explodierte vor Wut und befahl, den Ofen siebenmal heißer zu schüren als gewöhnlich. Die Hitze war so groß, dass die Soldaten, die diese Hebräer fesselten, von den Flammen verschlungen wurden. Nebukadnezar stellte sich in krankhafter Faszination vor die Tür des Ofens. Er wollte sehen, wie die Hebräer verglühten. Aber er sah etwas völlig anderes.

Plötzlich sprang Nebukadnezar erschrocken auf und fragte seine Ratgeber: „Haben wir nicht eben drei Männer gefesselt ins Feuer werfen lassen?“ – „Ja, natürlich, o König“, antworteten sie. „Aber seht doch!“, rief Nebukadnezar. „Dort sehe ich vier Männer, ungefesselt, die im Feuer umhergehen. Und sie sind völlig unversehrt! Und der Vierte sieht aus wie ein göttliches Wesen!“ (Daniel 3,24–25)

Nicht nur blieben die drei Männer von den Flammen verschont, es war auch ein vierter Mann zu sehen, der etwas Göttliches hatte! War das vielleicht der Sohn Gottes? Könnte sein, denn Jesus wird denen beistehen, die zu ihm stehen.

Das hebräische Trio trat mit größerer Kraft wieder aus dem Feuer heraus, als es hineingegangen war. Vor der Geschichte mit dem Feuerofen hatte Nebukadnezar keinerlei Interesse an ihrem Glauben gehabt. Aber dann sah er, „dass das Feuer ihrem Körper keinerlei Schaden zugefügt hatte. Nicht ein Haar auf ihrem Kopf war versengt, selbst ihre Kleidung war unversehrt. Sie rochen nicht einmal nach Rauch! Da rief Nebukadnezar: ‚Gelobt sei der Gott Schadrachs, Meschachs und Abed-Negos! Denn er schickte seinen Engel und hat seine Diener, die sich auf ihn verlassen, gerettet'“ (Verse 27–28).

Die Versuche des Teufels scheiterten. Damals und auch heute noch.

Mut ist ansteckend.

Denken wir noch einmal an die Geschichte aus dem Jahr 2015, als die ägyptischen Christen in Libyen umgebracht wurden. Es gibt Hinweise darauf, dass einer dieser Männer kein Christ war, als er zum Strand gebracht wurde. Im Gegensatz zu den anderen stammte er nicht aus Ägypten; er kam aus dem Tschad. Erst als er sah, wie groß der Glaube der anderen Männer war, veranlasste ihn das, sein Vertrauen auf Jesus Christus zu setzen. Und als er sich entscheiden musste, ob er den christlichen Glauben verleugnen und leben oder das Evangelium verkünden und sterben wollte, sagte er: „Ihr Gott ist auch mein Gott.“[7]

Mut ist ansteckend. Ich bete dafür, dass auch dein Mut andere inspirieren wird.

Kapitel 5

Hilfe ist schon unterwegs

Es gibt tolle Geschichten über Rettungsaktionen – meine eigene Geschichte ist eher unbedeutend, geschweige denn filmreif. Ich wurde noch nie dazu interviewt. Du wirst meine Geschichte auch nie im *National Geographic* oder im *Reader's Digest* finden. In der Enzyklopädie der Rettungsaktionen wäre meine nicht einmal eine Fußnote wert. Doch was für andere keine große Sache war, war für uns drei, die wir aus der kalten Prärie gerettet wurden, genau das.

Wir studierten damals und arbeiteten in den Weihnachtsferien auf einem Ölfeld, um uns etwas dazuzuverdienen. Es war ein stürmischer, bitterkalter Lange-Unterhosen-Tag im Dezember. In der Hackordnung auf dem Ölfeld standen Studenten ganz unten. Die Bohrarbeiter waren von den Aushilfen, die weiche Hände hatten, kurz für ein paar Wochen auftauchten und kaum Schaufel von Besen unterscheiden konnten, ziemlich unbeeindruckt. Folglich wurden wir immer für die Drecksarbeiten abkommandiert.

Was an diesem Tag bedeutete, dass wir etwa 30 Kilometer von der nächsten Siedlung entfernt eine Grube graben sollten. Der Chef fuhr uns hinaus, setzte uns ab und verließ uns mit dem Versprechen, uns um fünf Uhr nachmittags wieder abzuholen.

Das Gelände war so flach wie ein Pfannkuchen. Der eisige Wind drang uns bis in die Knochen. Wir zogen uns die Mützen bis über die Ohren, schlugen die Kragen unserer Jacken hoch und machten uns an die Arbeit. Als es Feierabend war, waren wir durchgefroren, müde und es leid, ständig zu frieren.

Wir legten unsere Schaufeln auf den Boden und blickten die Schotterstraße entlang. Wir sehnten uns danach, in einem warmen Auto nach Hause zu fahren. Aber weit und breit war keines zu sehen. Es wurde halb sechs – immer noch kein Auto. Die Sonne ging unter, die Minusgrade erreichten den zweistelligen Bereich, und immer noch war niemand zu sehen. Wir hatten damals weder Handy noch GPS – ich habe nämlich kurz nach der Steinzeit studiert. Wir waren aufgeschmissen. Gestrandet.

Wie sich herausstellte, hatte uns die Person, die uns abholen sollte, vergessen. Die abendliche Dämmerung ging in die Nacht über. Sterne leuchteten am Himmel auf und die Kojoten fingen an zu heulen. Unsere Finger waren taub. Unsere Backen gefroren. Unsere Lage war verzweifelt.

Kennst du dieses Gefühl auch? Mordechai kannte es jedenfalls.

An diesem Punkt der Geschichte hatte Haman Xerxes, der für Einflüsterungen ausgesprochen offen war, davon überzeugt, alle Juden töten zu lassen. Die Würfel waren gefallen, der Todestag war festgelegt und der Erlass unterwegs in alle Winkel Persiens. Mordechai erfuhr von dem drohenden Holocaust und ließ jede Vorsicht fahren:

Als Mordechai erfuhr, was geschehen war, zerriss er seine Kleider, legte ein Trauergewand an, streute Asche auf sein Haupt und ging unter lautem Weinen und Wehklagen mitten in die Stadt hinein.

Er ging bis zum Tor des königlichen Palastes, doch niemand, der Trauerkleidung trug, durfte durch das Tor des Palastes eintreten. (Ester 4,1–2)

Die Nachricht von dem Hinrichtungsbefehl versetzte Mordechai in Angst und Schrecken. Er kleidete sich in grobes Sackleinen und schmierte sich Straßenstaub und Asche ins Gesicht – damit trug er gewissermaßen Beerdigungskluft. Er ging durch die Straßen von Susa, weinte laut, schrie und schlug sich auf die Brust. Die anderen Hofbeamten blieben stehen und starrten ihn an. Die Ladenbesitzer drehten sich um und sahen ihm nach. Was für ein Spektakel! Mach dir eines klar: Alle wussten, dass er nicht nur irgendein Höfling war, sondern auch eine besondere Beziehung zur Königin hatte. Dennoch war Mordechai bereit, gegen jede Anstandsregel zu verstoßen.

Ester vernahm von dem Klagen und war über sein Verhalten entsetzt. Also ließ sie ihm Kleidung senden und unmissverständlich mitteilen, er solle aufhören, so ein Theater zu machen. Er brachte das, was sich die beiden aufgebaut hatten, in Gefahr. Sie hatten sich die Gunst des Königs und den Respekt bei Hofe erarbeitet. Offensichtlich hatte sie noch keine Kenntnis von dem Erlass, was beweist, wie abgeschirmt sie vom öffentlichen Leben war.

Nun folgte ein wilder Austausch von Nachrichten zwischen den beiden. Mordechai sandte Ester eine Abschrift des Dekrets und drängte sie, sich an ihren Mann, den König, zu wenden.

Eine Königin konnte jedoch nicht einfach in den Thronsaal spazieren, erinnerte sie Mordechai daraufhin. Wenn sie unaufgefordert dort erschiene, bestand die Gefahr, dass ein schlecht gelaunter König sie einen Kopf kürzer machen würde.

„Alle Höflinge des Königs und alle Bewohner des Königreiches wissen, dass jeder, der ohne Einladung im Innenhof vor dem König erscheint, nach dem Gesetz dem Tode geweiht ist, es sei denn, der König streckt ihm sein goldenes Zepter entgegen. Doch ich bin seit 30 Tagen nicht mehr gerufen worden, um zum König hineinzugehen.“ (Ester 4,11)

Ich kann mir lebhaft vorstellen, wie Ester an ihren Fingern all die guten Gründe abzählt, die dafürsprechen, den Mund zu halten:

Es ist gegen das Gesetz.

Er hat mich schon seit 30 Tagen keines Blickes mehr gewürdigt.

Der König hat sicher schlechte Laune.

Er wird mich wahrscheinlich umbringen. Kannst du dich noch an Waschti erinnern?

Mordechai dachte kurz über ihre Einwände nach und sandte ihr dann eine weitere Nachricht.

Darf ich erst noch etwas vorausschicken, bevor wir seine Worte lesen? Sie gehören zum Tiefgründigsten, was wir in der Bibel finden. Man könnte über das, was Mordechai in zwei Versen gesagt hat, ganze Bücher schreiben. Aus Mordechai, dem Juden, wurde Mordechai, der Theologe. Aus seinen Aussagen kann man nicht nur darauf schließen, wie es in seinem Herzen aussah, sondern auch darauf, dass er mit Gott vertraut war. Du wirst jetzt gleich den großartigsten Aufruf zum Mutigsein hören, den ein Mensch jemals in Worte gefasst hat.

Habe ich dich jetzt neugierig gemacht? Schauen wir mal, ob du mir zustimmen wirst:

„Glaub nicht, dass du als Einzige von allen Juden mit dem Leben davonkommst, weil du im königlichen Palast wohnst. Wenn du in dieser Lage wirklich schweigst, wird den Juden von anderer Seite Befreiung und Rettung zuteilwerden; du und deine Verwandten aber werden umkommen. Und wer weiß, ob du nicht für eine Situation wie diese zur Königin wurdest?" (Ester 4,13–14)

Wie können wir den eiskalten Wind des Lebens überstehen? Wenn Arbeitsplätze abgebaut werden. Wenn es keine Impfung gegen ein neues Virus gibt. Wenn das Konto leer ist. Wenn die Ehe am Ende ist. Wenn auch nach vielem Mühen einfach kein Kind in der Wiege liegt – oder schon im Grab. Wenn das Bett neben dir leer ist und du dich jeden Abend in den Schlaf weinst.

Wenn die Umstände dich verzweifeln lassen und es dir so vorkommt, als würdest du einsam durch den Sturm stapfen: Könnten dir Mordechais Worte da weiterhelfen? Er machte zwei bemerkenswerte Beobachtungen.

Niemand hat einen Freifahrtschein.

Noch nicht einmal die Königin von Persien. „Glaub nicht, dass du als Einzige von allen Juden mit dem Leben davonkommst, weil du im königlichen Palast wohnst" (Vers 13). Glaub bloß nicht, dass du den Völkermord völlig unbehelligt überleben wirst, Ester. Selbst wenn die Juden gerettet werden sollten, garantiert das noch lange nicht, dass *du* gerettet wirst; auch der gute Name deines Vaters könnte Schaden nehmen. Wenn du schweigst, opferst du damit dein Erbe auf dem Altar der Untätigkeit. Der ersten Kugel kannst du vielleicht noch ausweichen, aber es stecken noch fünf weitere im Magazin. Die Schwierigkeiten klopfen bei uns allen an.

„Na, herzlichen Dank, Max. Und das nennst du gute Nachrichten? Ich dachte, du würdest mir Hoffnung machen, dass ich diese schwere Zeit schon irgendwie überstehen werde."

Vielleicht bist wirklich *du* nicht der- oder diejenige, denen ich diese Tatsache in Erinnerung rufen muss, aber irgendjemand kann diese Auffrischung gebrauchen. Irgendjemand hat sich dazu verleiten lassen, im Stillen anzunehmen, dass man als Christ gewissermaßen vor allem gefeit ist. Wenn dann – ganz unvermeidlich – etwas Schlimmes passiert, ist der oder die Betreffende nicht nur mit dem Unglück konfrontiert, sondern auch noch mit der schwierigen Frage, warum Gott sein Versprechen nicht gehalten hat. Aber Gott hat auch darauf eine Antwort: „Das habe ich dir nie versprochen."

Doch, Gott hat genau das wirklich gesagt: „Hier auf der Erde werdet ihr viel Schweres erleben" (Johannes 16,33). Du wirst dich manchmal so fühlen, als würdest du „dem Tod ins Gesicht sehen" (2. Korinther 1,9). Du wirst „durch tiefes Wasser oder reißende Ströme gehen … Und wenn du ins Feuer gerätst …" (Jesaja 43,2; Hfa).

Das Leben bringt Schwierigkeiten mit sich. Es nützt nichts, wenn wir so tun, als wäre es nicht so. Niemand bekommt eine Freikarte, aber irgendwie wird uns am Ende „Befreiung und Rettung zuteilwerden" (Ester 4,14).

Und das erlebten auch wir an jenem Abend in der texanischen Prärie. Wir waren schon kurz davor, nach Hause zu laufen, als wir den schönsten Anblick der Welt sahen: Scheinwerfer. Sie waren zunächst nur ganz klein und hüpften auf und ab, als würde jemand mit einer Taschenlampe winken. Doch als wir die Scheinwerfer sahen, änderte sich alles. Wir froren immer noch. Wir waren immer noch müde. Das Auto war immer noch weit weg. Es war immer noch dunkel. Aber der Anblick der Scheinwerfer machte uns Hoffnung.

Mordechai sah etwas Ähnliches. An seinem Horizont tauchten – bildlich gesprochen – ebenfalls hüpfende Scheinwerfer auf. Am Anfang von Kapitel 4 konnten wir lesen, dass er in Erwartung des Schicksalsschlags klagend durch die Straßen zog. Als er von dem Erlass hörte, dass alle Juden getötet werden sollten, „zerriss er seine Kleider, legte ein Trauergewand an, streute Asche auf sein Haupt und ging unter lautem Weinen und Wehklagen mitten in die Stadt hinein" (Ester 4,1). Es war ein grausamer Anblick: Der Stoff riss, er schrie, die Kleidung war zerstört, nackte Haut war zu sehen. Das Zerreißen der Kleidung war ein äußerliches Zeichen für etwas, das in seinem Inneren vor sich ging. Mordechai war innerlich völlig zerrissen. Eines ist sicher: Er war verzweifelt. 13 Verse später machte er eine Kehrtwendung und erklärte Ester: „… den Juden [wird] … Befreiung und Rettung zuteilwerden" (Vers 14).

Was war mit ihm passiert? Woher kam dieser plötzliche Wandel? Hier meine Vermutung: Gott erweckte Glauben zum Leben, der schon lange in ihm geschlummert hatte. Auf dem Schoß seiner Mutter hatte Mordechai vielleicht gehört, dass Mose mit einer Million Israeliten ein aufbrausendes Meer vor sich und einen aufbrausenden Pharao hinter sich gehabt hatte, dass ein Hirtenjunge nur halb so groß gewesen war wie der Riese Goliath, dass Daniel das Knurren der Löwen und das Knurren ihrer Mägen gehört hatte. Aber dann war Gott eingeschritten: Das Meer teilte sich, David erhob sich, und die Löwen beruhigten sich.

Mordechai dämmerte, dass der Gott Abrahams, Isaaks und Jakobs noch immer da war, dass er noch immer in das Leben der Menschen eingriff und noch immer ungeschlagen war. Die Juden waren zwar weit von Jerusalem entfernt, aber nicht weit von Gott. Mordechai hatte seine Aufgabe als Verwalter des Bundes zwar vernachlässigt, aber Gott hatte seine Aufgabe als Bewahrer des Bundes nicht vergessen. Gott hing noch immer an seinem Volk – dem übrig gebliebenen Rest, den man aus Zion weggebracht hatte und der jetzt in Persien im Exil lebte. Die Juden hatten keinen König, keine Armee, keinen Tempel, keine Priester, keine Opfer mehr. Egal. Sie hatten immer noch ihren Jehovah. Im Gegensatz zu den Menschen war Gott nie in Gefahr, am Ende, verwirrt oder verunsichert. Gott ist für die Probleme das, was ein Orkan für eine Mücke ist – kein Vergleich. Und genau das verstand Mordechai plötzlich.

Und du? Verstehst du es auch? Weißt du, wie all die Bibelverse enden, die ich oben zitiert habe?

„Hier auf der Erde werdet ihr viel Schweres erleben. Aber habt Mut, denn ich habe die Welt überwunden." (Johannes 16,33)

Wir haben dem Tod ins Gesicht gesehen. Doch auf diese Weise haben wir gelernt, nicht auf uns selbst zu vertrauen, sondern auf Gott, der die Toten auferweckt. (2. Korinther 1,9)

Ja, auf dem vor uns liegenden Weg erwarten uns Überschwemmungen und Feuer. Aber:

„Wenn du durch Wasser gehst, werde ich bei dir sein. Ströme sollen dich nicht überfluten! Wenn du durch Feuer gehst, wirst du nicht verbrennen; die Flammen werden dich nicht verzehren!" (Jesaja 43,2)

Beinhaltet dein Bild von Gott auch die Vorstellung, dass er dich befreien und retten wird? Diese Frage ist nicht unwesentlich. Genauer gesagt ist es *die* wichtigste Frage überhaupt. Die Mehrheit der Menschen glaubt nicht daran, dass sie einmal gerettet wird. Die Zusammenfassung ihres Lebens liest sich wie eine Tragödie von Shakespeare. „Wir leben in einer schönen, aber kaputten Welt. Man kann sie nicht in Ordnung bringen. Man kann da nichts machen. Also machen wir einfach das Beste daraus und dann sterben wir." Die Biografie vieler Menschen klingt in etwa so. Daher ist es wenig verwunderlich, dass wir in einer Zeit der Verzweiflung leben, in der viele ihrem Leben ein Ende machen.

Die Geschichte, die Gott mit uns schreiben möchte, ist im Vergleich dazu paradiesisch. Sie fängt genauso an wie die andere Geschichte, nimmt aber ein viel besseres Ende.

„Wir leben in einer schönen, aber kaputten Welt. Doch unser Schöpfer hat diese Welt erschaffen und will weder, dass *sie* noch, dass *wir* kaputtgehen. Er möchte, dass wir ein gutes Leben führen. Er hat gute Absichten mit uns. Er liebt uns so sehr, dass er einer von uns wurde. Er nahm unsere Gebrochenheit auf sich und starb sogar dafür. Sein Tod hat neues Leben hervorgebracht – ewiges Leben. Er ist von den Toten zurückgekehrt und macht unsere Welt neu und lädt uns alle ein, ein Teil davon zu sein. Eines Tages wird er die ursprüngliche Schönheit der Welt wiederherstellen und seine Familie zurückfordern und dann werden wir für immer mit ihm zusammenleben."

Das war Mordechais Botschaft: *Rettung ist nah.*

Und dann sagte er zu Ester: „Und wer weiß, ob du nicht für eine Situation wie diese zur Königin wurdest?" (Ester 4,14).

Esters Antwort war bedeutsam:

„Geh, sammle alle Juden, die sich in Susa befinden, und fastet für mich. Drei Tage und Nächte sollt ihr nichts essen und trinken. Meine Dienerinnen und ich werden dasselbe tun. Nach dieser Vorbereitung werde ich dann, obwohl es gegen das Gesetz verstößt, zum König gehen. Wenn ich umkomme – dann komme ich um.“ (Ester 4,16)

Damit hast du gerade den entscheidenden Wendepunkt in der Entwicklung unserer Hauptfigur gelesen. Der Glaube von Hadassa verschmilzt mit der Autorität der Krone. Sie weist Mordechai an (Befehlsform, ohne Höflichkeitsfloskeln), die Juden von Susa zu einem öffentlichen Fasten aufzurufen. Damit übernimmt sie die Rolle der moralischen Anführerin ihres Volkes. Entschlossenheit tritt an die Stelle von Passivität. Sie ist nicht länger die Schönheitskönigin. Sie ist eine Frau Gottes, die entschlossen ist, ihr Volk durch diese Krise zu führen.

Was war geschehen? Was hat dazu geführt, dass Ester nicht länger „Ich kann nichts tun“ dachte, sondern „Ich bin bereit, alles zu riskieren“? Was veranlasste sie, „Wenn ich das tue, sterbe ich“ hinter sich zu lassen und eine „Wenn ich sterbe, sterbe ich eben“-Haltung anzunehmen?

Es muss wohl die unverblümte Botschaft von Mordechai gewesen sein. Ja, die Welt ist im Chaos. Ja, wir sind die Opfer eines brutalen Haman. Aber Rettung naht, und „wer weiß, ob du nicht für eine Situation wie diese zur Königin wurdest?“ (Vers 14). Mordechai öffnete ein Fenster und ließ das göttliche Licht in Esters Welt scheinen. „Du bist aus einem ganz bestimmten Grund hier“, sagte er. „Dein Leben ist Teil eines Plans. Du wurdest mit Absicht an diesen Platz gestellt, zu einem bestimmten Zweck.“

Das ist dein Moment.
Du wurdest dazu erschaffen,
wie Mordechai zu kämpfen
und wie Ester deine Stimme
zu erheben.

Und das gilt auch für dich. Genau wie Ester wurdest auch du für diesen Moment erschaffen. Natürlich hast du diese Probleme nicht gewollt. Du willst diese Erfahrung einfach nur hinter dich bringen. Du weißt nicht, wie lange du es noch aushalten wirst.

Aber was ist, wenn Gott diese Sache aus einem bestimmten Grund zugelassen hat? Hat er dich nicht auf diesen Planeten und in diese Zeit gestellt? Er hat deinen Geburtstag und deine Nationalität bestimmt und auch dein Umfeld ausgewählt (vgl. Apostelgeschichte 17,26). Was ist, wenn du, genau wie Ester, die Möglichkeit hast, auf eine Weise zu handeln, dass mehr Menschen dadurch gesegnet werden, als du dir vorstellen kannst?

Das ist deine Gelegenheit. Das ist dein Moment. Du wurdest dazu erschaffen, wie Mordechai zu kämpfen und wie Ester deine Stimme zu erheben.

Rettung ist nah. Gott wird dieses Problem besiegen. Er wird sein Volk retten. Er wird das Übel dieser Welt zurechtrücken. Die Frage ist nicht, *ob* Gott die Oberhand haben wird. Die Frage ist, ob *du* Teil seines Teams sein wirst.

Die Frage ist nicht, *ob* Gott die Oberhand haben wird. Die Frage ist, ob *du* Teil seines Teams sein wirst.

Hätte Ester geschwiegen, hätte sie die Gelegenheit verpasst, Tausenden ihrer Volksgenossen das Leben zu retten. Gott hätte die Israeliten vermutlich durch jemand anderen befreit. Darauf wies auch Mordechai hin: „… wird den Juden von anderer Seite Befreiung und Rettung zuteilwerden; du und deine

Verwandten aber werden umkommen“ (Ester 4,14). Vielleicht hoffte sie, dass dieser Sturm an ihr vorüberziehen würde. Vielleicht hatte sie darüber nachgedacht, Mordechai anzuweisen, den Mund zu halten. Schließlich war sie die Königin. Ihre jüdische Abstammung war immer noch ein Geheimnis. Sicher war die Versuchung groß, sich in dieser Situation zurückzuziehen. Und doch riet Mordechai strikt davon ab. Tatenlosigkeit könnte sie teuer zu stehen kommen. Esters Name und der Name ihrer Familie würden dann zum Inbegriff für Gleichgültigkeit werden.

Wie steht es mit dir und mir? Wenn wir wollen, können wir uns isolieren, wenn der Sturm über unser Leben hereinbricht. Wir können unsere Herzen verschließen und unseren Glauben erkalten lassen. In den Winterschlaf gehen. Uns verstecken. Uns in die Dunkelheit zurückziehen. Still sein. Oder wir sehen die Herausforderung als Chance, uns eins zu machen mit dem, was Gott in dieser Situation tun will.

Vor dieser Wahl stand auch Martin Luther King an einem späten Januarabend im Jahre 1956. Im zarten Alter von 26 Jahren nahm er sich einer Sache an, aus der später ein Boykott und dann die Bürgerrechtsbewegung hervorgehen sollten. Weniger als eine Woche nachdem Rosa Parks sich geweigert hatte, ihren Sitzplatz im Bus für einen weißen Fahrgast zu räumen, wurde King zum Vorsitzenden des Komitees *Montgomery Improvement Association* ernannt.

Und sofort erhielt er Morddrohungen. Ein Telefonanruf brachte ihn besonders aus der Fassung. In einer Rede berichtete er später: „Am anderen Ende erklang eine hässliche Stimme. Im Grunde sagte mir diese Stimme: ‚Nigger, wir haben jetzt genug von dir und deinem ganzen Unsinn. Und wenn du nicht innerhalb von drei Tagen aus dieser Stadt verschwunden bist, werden wir dir dein Gehirn wegpusten und dein Haus in die Luft jagen.'"

King ging in die Küche, um sich zu sammeln. Er betrachtete seine wunderschöne Frau und seine süße kleine Tochter. Er dachte an die Wut, die ihm auf der Straße entgegenschlagen würde. Und er fragte sich, ob sein Einsatz für die Sache das Risiko wert war.

Er dachte daran, seinen Vater oder seine Mutter anzurufen. Doch er beschloss, etwas anderes zu tun. „Etwas in mir sagte: Du kannst jetzt nicht deinen Papa anrufen. Er ist oben in Atlanta, 280 Kilometer weit weg. Du kannst jetzt nicht deine Mama anrufen. Du musst den anrufen, von dem dein Vater dir immer erzählt hat. Die Macht, die aus dem Nichts einen Weg bahnen kann."

King neigte den Kopf und bat Gott um Hilfe. „Und ich hatte das Gefühl, in diesem Moment eine innere Stimme zu hören, die zu mir sagte: ‚Martin Luther, erhebe dich für die Gerechtigkeit, erhebe dich für das Recht, erhebe dich für die Wahrheit. Und siehe, ich werde mit dir sein bis an das Ende der Welt.'"

Frisch gestärkt führte King seine Arbeit fort und drückte der wohl bekanntesten Bewegung des 20. Jahrhunderts seinen Stempel auf. Trotzdem hatte er für den Rest seines Lebens mit der Angst zu kämpfen. In jener Rede, in der er die oben geschilderte Geschichte erzählte, gestand er: „Weil ich jeden Tag mit heftiger Kritik leben muss, manchmal sogar von Schwarzen, bin ich so manches Mal entmutigt … und habe das Gefühl, dass meine Arbeit vergebens ist. Aber dann haucht der Heilige Geist meiner Seele wieder neues Leben ein."[1]

Hilfe ist schon unterwegs.
Möge Gott dir und mir helfen, Teil davon zu sein.

Uns allen bieten sich Gelegenheiten, bei denen wir uns mit Gott und seinem Handeln in dieser Welt eins machen können. Wir werden sicher nicht mit einem persischen König sprechen. Nur sehr wenige von uns werden eine Befreiungsbewegung anführen. Aber der Himmel wird ohne Ausnahme jedem von uns das Vorrecht schenken, an seinem heiligen Werk teilzuhaben.

Wenn du deine Einladung erhältst, dann wünsche ich dir, dass du die gleiche Stimme hörst, die auch Martin Luther King vernahm, dass du denselben Mut hast wie Ester und die gleiche Entscheidung triffst wie Mordechai. Hilfe ist schon unterwegs. Möge Gott dir und mir helfen, Teil davon zu sein.

Kapitel 6

Zwei Thronsäle

Über die Geschichte von Ester wurden bereits mehrere Filme gedreht. In den Streifen, die ich gesehen habe, sah die junge Frau absolut hinreißend aus. Mandelförmige Augen, ein makelloser, olivfarbener Teint. Eine Hollywood-Schönheit, diese Lady. Und das muss sie wohl auch gewesen sein. Immerhin wurde sie aus einem riesigen Harem von wunderschönen Mitbewerberinnen auserwählt, Königin von Persien zu werden.

Die Filme sind sich auch über den Höhepunkt des Dramas einig: Esters unaufgeforderter Besuch bei König Xerxes. Sie steht elegant gekleidet in der Tür zum Thronsaal. Die Kamera kann sich kaum von ihrer strahlenden Schönheit abwenden. Als sie dann doch umschwenkt, sehen wir Xerxes mit weit aufgerissenen Augen und offenem Mund. „Was kann ich für dich tun, meine Schönheit?“ Die unterschwellige Botschaft der Filme ist klar: Esters Aussehen erweicht das harte Herz von Xerxes und stimmt ihn um.

Aber die Bibel erzählt uns eine andere Geschichte. Ja, die junge Frau suchte den König auf. Ja, sie ging dafür ein großes Risiko ein. Und, ja, Xerxes neigte ihr sein Zepter zu und forderte sie auf einzutreten. Aber es war nicht ihre Schönheit, die das bewirkte. Lies einmal die folgenden Verse.

Darauf ließ Ester Mordechai antworten: „Geh, sammle alle Juden, die sich in Susa befinden, und fastet für mich. Drei Tage und Nächte sollt ihr nichts essen und trinken. Meine Dienerinnen und ich werden dasselbe tun. Nach dieser Vorbereitung werde ich dann, obwohl es gegen das Gesetz verstößt, zum König gehen. Wenn ich umkomme – dann komme ich um." (Ester 4,15–16)

Ihr wurde vielleicht zum ersten Mal bewusst, dass auch Schweigen eine Form der Zustimmung war. Ihr Volk, die Juden, sollten das Opfer eines Massenmordes werden und sie hatte nichts unternommen. Sie war entweder zu ahnungslos, um Kenntnis davon zu haben, oder zu ängstlich, um zu handeln. Aber so oder so war ihre Untätigkeit unentschuldbar.

Aber was konnte sie denn tun? Der König hatte seine Entscheidung getroffen. Der Wesir hatte das Todesurteil verkündet. Keiner von beiden würde seine Meinung ändern. Ganz im Gegenteil. Sie wollten eine klare Botschaft senden: Mit Xerxes ist nicht zu spaßen. Ester stand vor einer undurchdringlichen Mauer und musste mit dem Tod rechnen, wenn sie etwas Falsches tat. Als Reaktion darauf rief sie nicht ihren Friseur herbei, damit dieser sie noch ein wenig aufhübschte. Sie zog sich in ihre Gebetskammer zurück und wandte sich an Gott.

Statt in den Thronsaal von Xerxes zu eilen, demütigte sie sich selbst und trat in den Thronsaal Gottes.

In dem Film, von dem ich mir wünschte, dass ihn jemand drehen würde, liest Ester Mordechais Nachricht und bricht zusammen – nur noch ein Häufchen Elend, das mit dem Gesicht nach unten auf dem Boden ihres Schlafzimmers liegt. Ihrem Volk blüht in Kürze die Auslöschung. Es wird ein Blutbad geben, und sie schläft mit dem König, der das befohlen hat. Ihre

Dienerinnen sehen, wie sie zu Boden sinkt, und eilen ihr zu Hilfe. Aber sie winkt ab. „Richtet Mordechai nur aus, dass ich zum König gehen werde. Auch wenn es mich mein Leben kostet. Sagt allen, sie sollen beten."

Das ist eine ganz neue Ester. Bis dahin hat sie sich auf ihr Aussehen verlassen. Jetzt stützt sie sich allein auf Gott.

Sie wird in wenigen Tagen vor Xerxes stehen. Sie wird in Kürze ihr Leben riskieren. Sie wird um die Abwendung eines unumstößlichen Gesetzes bitten, das vom mächtigsten Mann des Reiches finanziert und mit dem Siegelring des Königs besiegelt wurde. Sie weiß, dass es nur noch eine Hoffnung gibt: dass Gott eingreift.

Es ist ein verzweifeltes Gebet.

Drei Tage. Nichts essen. Nichts trinken. Die Angst raubt ihr den Schlaf. Der Hunger nagt an ihr. Ihre Haut wird trocken, und ihre Augen liegen tief in den Höhlen, weil sie dehydriert ist. Sie betet unter Tränen.

Du weißt wahrscheinlich, was dann passiert ist: Als Ester den Thronsaal des Königs betrat, war sie von Kopf bis Fuß wieder ein Abbild persischer Perfektion. Bei ihrem Anblick stand Xerxes der Mund vor Staunen offen. In der Bibel heißt es: „Als er Königin Ester im Innenhof stehen sah, war er ihr wohlgesinnt und streckte ihr sein goldenes Zepter, das er in der Hand hielt, entgegen" (Ester 5,2).

Wohlgesinnt? Wie wäre es mit „hingerissen"? „Überwältigt"? „Er schmolz bei ihrem Anblick dahin"? Der König schluckte und meinte: „Was hast du für einen Wunsch? Ich erfülle ihn dir, und wenn es die Hälfte meines Reiches ist!" (Vers 3). Als wäre er ein Schüler in der Mittelstufe und sie ein weltbekannter Popstar. Das kann ich verstehen.

Aber es war nicht ihr Glanz, der ihr die Tür zum Thronsaal geöffnet hatte. Es waren ihre Gebete. Sie trat erst dann in ihrer ganzen Schönheit vor den König, als sie in aller Demut vor dem König der Könige gestanden hatte. Und sind wir nicht aufgerufen, ihrem Beispiel zu folgen?

Du kannst sicher sein, dass du nicht alles hast, was du brauchst, um diesen „Winter" durchzustehen. Aber du kannst genauso sicher sein, dass Gott dir das geben wird, was du brauchst.

Vor vielen Jahren – wir lebten damals als Familie in Brasilien – kam ein junger Christ mit einer Frage zu einem unserer Gemeindeleiter. Er hatte in der Bibel gelesen (gut für ihn) und dabei folgende Verheißung entdeckt: „Wenn ihr glaubt, werdet ihr alles bekommen, worum ihr im Gebet bittet" (Matthäus 21,22).

„Glaubt unsere Gemeinde das?", fragte er.

Was sollte ein Missionar darauf antworten? „Ja, natürlich."

„Warum arbeiten wir dann so viel und beten so wenig?", fragte er.

Gute Frage. Warum tun wir das? Was wäre, wenn es dich nur ein Gebet kosten würde, von Gott erfrischt zu werden? Damit meine ich nicht ein oberflächliches Stoßgebet zu dem „alten Mann da oben". Ich spreche von einem Gebet, das aus tiefstem Herzen gesprochen wird. Ich kann mir nichts Einfacheres – und auch nichts Wichtigeres – vorstellen, wie wir uns mit Gott eins machen können, um eine Veränderung herbeizuführen.

Du sehnst dich nach Frühling? Dann brauchst du nicht noch mehr Ratschläge von deinen Angelkumpels. Du brauchst auch keine „zehn einfachen Schritte zum Glücklichsein", wie du sie in einer Zeitschrift findest. Und du brauchst nicht noch eine Talkshow mit Psychogelaber. Du brauchst nur das Werkzeug, das auch Ester und Daniel zur Verfügung stand. Du brauchst Gebet.

Daniel war noch ein junger Mann, als er 605 v. Chr. in die babylonische Gefangenschaft verschleppt wurde. Einige Jahre später erkannte er, was seinem Volk bevorstand: Er verstand, dass sich die 70 Jahre währende Gefangenschaft, die ihm verheißen worden war, ihrem Ende zuneigte. Und er beschloss, mit Gott darüber zu reden.

„O unser Gott, erhöre doch das Gebet deines Knechts und sein Flehen um Gnade! Um deiner eigenen Ehre willen, mein Herr: Lass dein Angesicht über deinem verlassenen Heiligtum leuchten! Mein Gott, beug dich zu mir herunter und höre! Öffne deine Augen und sieh, wie die Stadt, über der dein Name ausgerufen ist, in Schutt und Asche liegt! Wir bitten dich um deine Gnade: nicht, weil wir es uns verdient hätten durch irgendwelche eigenen gerechten Taten, sondern weil du so oft gezeigt hast, dass du gnädig und barmherzig bist.“ (Daniel 9,17–18)

Mit welchem Begriff könnte man den Tonfall von Daniels Gebet beschreiben? *Eloquenz? Autorität? Erhabene Poesie?* Nein, ich glaube nicht. Wie wäre es damit: *Demut?*

„Erhöre … sein Flehen um Gnade“, bittet er.

„Um deiner eigenen Ehre willen.“

„Wir bitten dich um deine Gnade: nicht, weil wir es uns verdient hätten.“

Daniel lieferte sich selbst der Gnade des obersten Gerichts aus.

Wenn irgendwer es verdient hatte, von Gott erhört zu werden, dann er. In der Bibel wird er als Mann ohne Fehl und Tadel beschrieben. Wir finden auch zwischen den Zeilen nicht den leisesten Hinweis auf Ehebruch, Rebellion oder Untreue. Laut

Bibel war Daniel ein heiliger Mann. Und doch sprach dieser heilige Mann ein Gebet, in dem er seinem zerbrochenen Herzen Luft machte.

Und dieses Gebet hat Gottes Herz so sehr bewegt, dass er einen Engel mit einer Botschaft sandte.

„Von dem Tag an, als … du dich vor deinem Gott gedemütigt hast, wurden deine Worte erhört. Deshalb bin ich auch zu dir gekommen. Doch der Engelfürst von Persien hat sich mir 21 Tage lang widersetzt, bis mir schließlich der Erzengel Michael zu Hilfe kam und für mich den Kampf mit dem Engelfürst von Persien aufnahm. So konnte ich gehen und bin nun hier.“ (Daniel 10,12–14)

Als Daniel sich niederkniete und betete, kam ihm der Engel schon zu Hilfe.

In dem Augenblick, in dem du den Kopf neigst, um zu beten, hebt Gott seine Hand, um dir zu helfen. Dein Vater im Himmel sehnt sich danach, deine Stimme zu hören. Bist du verzweifelt? Weißt nicht mehr weiter? Hast keine Lösung? Dann ist jetzt mehr denn je genau der richtige Zeitpunkt, um auf die Knie zu gehen und um Gnade zu flehen.

In dieser Situation befand ich mich auch im Sommer 2020. Dieses Jahr hatte von uns allen seinen Tribut gefordert. Chaos herrschte aufgrund einer Pandemie, für die es damals noch keinen Impfstoff gab. Das Weiße Haus war in Aufruhr und der Arbeitsmarkt ging den Bach hinunter. Und als wäre das noch nicht genug, starb in Minneapolis ein schwarzer Mann unter den Händen eines weißen Polizisten, und Wut brach sich Bahn. Die Menschen machten in vielen amerikanischen Städten ihrem Zorn Luft.

Du kannst sicher sein,
dass du nicht alles hast,
was du brauchst,
um diesen „Winter“ durchzustehen.
Aber du kannst genauso sicher sein,
dass Gott dir das geben wird,
was du brauchst.

In San Antonio, wo ich seit 1988 Pastor bin, hatte eine Gruppe von Leuten beschlossen, die Menschen zum Gebet aufzurufen. Wir mieteten den größten Parkplatz der Stadt. Wir entwarfen Plakate und organisierten einen Gebetsgottesdienst. Wir beschlossen, dem Beispiel von Mordechai und Ester zu folgen und Gott um Hilfe zu bitten. Wir nahmen uns auch vor, Buße zu tun. „[Wenn] sie zu mir [rufen], dann will ich im Himmel ihr Gebet erhören. Wenn dieses Volk, das meinen Namen trägt, sich mir in Demut unterordnet, *von seinen falschen Wegen umkehrt* und nach mir fragt, dann will ich ihnen vergeben und ihr geplagtes Land wieder heilen" (2. Chronik 7,14; Hfa, Hervorhebung des Autors).

In dem Augenblick,
in dem du den Kopf neigst,
um zu beten, hebt Gott seine Hand,
um dir zu helfen.

Das ist die Bedingung: Es muss eine Umkehr von falschen Wegen geben, eine Buße für die Sünden.

„Aber welche Sünde, Herr?", fragten wir uns. „Es gibt so viele." Und dann sprach Gott so deutlich zu mir wie noch nie zuvor: *Die Sünde des Rassismus.* Unser Land muss Buße tun für die jahrhundertelange Unterdrückung unserer farbigen Geschwister.

Wie sich herausstellte, sollte ich dieses stadtweite Gebet leiten. Ich war wenig begeistert davon, ein Bußgebet gerade für diese Sünde zu leiten – ich hatte jede Menge Ausreden und sorgte dafür, dass Gott sie alle zu hören bekam. „Aber ich bin doch kein Rassist. Ich habe unseren schwarzen Mitbürgern nichts getan. Ich habe nie etwas Negatives über Afroamerikaner gesagt."

Aber du hast dich auch nie für sie eingesetzt. Wieder eine ganz klare Botschaft von Gott.

Ich erinnerte mich daran, dass Daniel gebetet und Mordechai in aller Öffentlichkeit getrauert hatte und Ester erst zum König gegangen war, nachdem sie mit dem König der Könige gesprochen hatte.

Ich bat einen farbigen Pastor, zusammen mit mir auf die Bühne zu treten. Während Tausende live dabei waren und Zehntausende online zusahen, kniete ich am Altar nieder und tat Buße, während er neben mir stand.

„Vater, du hast aus einem Menschen alle Nationen dieser Erde erschaffen. Wir stammen alle von demselben Menschen ab. Es gibt kein schwarzes oder weißes Blut. Es gibt kein braunes oder asiatisches Blut. Es gibt nur ein Blut.

Als du gestorben bist, hast du dein kostbares Blut vergossen, damit alle Menschen dieser Erde gerettet werden. Das war und ist noch immer dein Plan. Sie sind alle in deinen Augen kostbar. Aber nicht in unseren.

Diese Sünde tut uns leid, Herr.

Mir, Max Lucado, tut es leid. Es tut mir leid, dass ich geschwiegen habe. Ich habe den Kopf in den Sand gesteckt. Meine Geschwister wurden verletzt und ich habe einen weiten Bogen um sie gemacht. Ich habe ihnen ein Gefühl von Minderwertigkeit vermittelt. Ich habe ihren Schmerz und ihr Leid nicht gesehen.

Es tut mir leid.

Es tut uns leid. Unsere Vorfahren hatten unrecht. Als sie Menschen ge- und verkauft haben, war das falsch. Als sie behaupteten, schwarzen Menschen überlegen zu sein, war das falsch. Als sie sich weigerten, Trinkbrunnen, Busse oder Restaurants mit deinen Kindern zu teilen, war das Sünde.

Wir flehen dich um Gnade an für die Begebenheiten, bei denen deine Kirche dir das Herz gebrochen hat, weil sie deinen farbigen Kindern den Zutritt verweigert hat. Wir stimmen dir zu: Das war falsch.

Heile dieses Land, Herr. Du kannst das tun, was Gesetze und Politiker nicht vermögen. Du kannst die Mauern der Vorbehalte und der Vorurteile niederreißen. Bitte tu das heute. Wir bitten dich im Namen Jesu darum."

Hat dieses Gebet eine landesweite Erneuerung ausgelöst? Das kann ich nicht gerade behaupten. Aber es veranlasste eine junge Afroamerikanerin dazu, mir zu sagen: „Genau das musste ich hören, um nicht aufzugeben."

Stehst du vor einer unmöglichen Herausforderung, so wie Ester? Dann folge dem Beispiel der Königin.

Ester hätte sich weiter verstecken und untätig bleiben können. Oder sie hätte zu Xerxes rennen können. Aber sie entschied sich für den klügeren Weg. Sie entschied sich für das Gebet. Ihre Geschichte fordert uns heraus, das Gleiche zu tun.

Es ist Zeit für ein todernstes, ehrliches Gespräch mit dem Herrn der Herren. Du musst dir nicht die Kleider zerreißen, aber du musst die Maske ablegen. Das dreitägige Fasten ist ein freiwilliger Faktor, aber das demütige Gebet nicht.

Vor welchem Xerxes stehst du gerade? Welchem Haman siehst du dich gegenüber? Ist dein Arbeitsplatz gefährdet? Liegt ein geliebter Mensch im Sterben? Macht jemand deiner Familie das Leben schwer? Zerbröckelt dein Glaube? Dann zieh dich in deine Gebetskammer zurück.

Die Königin konnte den Thronsaal von Xerxes betreten, weil sie vorher Zeit im Thronsaal Gottes verbracht hatte. Das Gleiche gilt auch für deine Geschichte und die meine. Wenn wir mit dem König des Himmels gesprochen haben, sind wir anschließend bereit, jedem irdischen Herrscher gegenüberzutreten.

3. Akt

Der Sieg

Gottes Handeln in dieser Geschichte

Mordechai träumte. Im Traum sah er Ester, wie sie als Kind einen Grashügel herunterrannte und in seine Arme sprang. Ihr schwarzes Haar wehte im Wind. Ihr Lachen war so lieblich, dass selbst die Lärchen neidisch waren. Er wirbelte sie herum und hielt sie in die Nachmittagssonne.

In seinem Traum nannte sie ihn „Abba, Papa", und obwohl er das nicht war, war er doch der einzige Vater, den sie jemals gekannt hatte. Er stellte sie auf den Boden zurück und wollte ihr gerade durch die Wiese hinterherrennen, als –

„Wach auf, Mordechai!"

Doch er wollte nicht aufwachen.

„Du kannst hier nicht wie ein Bettler sitzen."

Mordechai blinzelte. Das Mondlicht tauchte die menschenleere Straße in ein düsteres Licht. Er spürte die harte Steinmauer an seinem Rücken und das Kopfsteinpflaster unter seinem Hinterteil. Er hob den Kopf.

„Hegai?"

„Ja", erwiderte sein Freund.

„Ich muss wohl eingenickt sein", murmelte er und versuchte, seine trockenen Lippen zu befeuchten.

„Es dämmert schon fast."

„Habe ich etwa die ganze Nacht geschlafen?"

„Ja, du bist müde. Du hast jetzt drei Tage gefastet. Ich werde dir etwas zu essen holen."

Mordechai rappelte sich auf die Beine. „Noch nicht. Erst wenn ich etwas von der Königin gehört habe."

Ihm wurde ein wenig schwindelig und er lehnte sich an die Mauer. Die Kleidung aus Ziegenhaar fühlte sich rau an auf seiner Haut.

„Deshalb bin ich ja hier. Sie will dich sehen."

„Die Königin?"

„Ja, komm mit."

Mordechai legte die Hand auf Hegais Schulter und ging dicht hinter ihm. Der Burghof war verlassen, nur ein paar Wachen versahen ihren Dienst. Sie sahen gelangweilt aus. Als die beiden Männer durch einen Torbogen gingen, legte Hegai seinem Freund einen bestickten Mantel um die Schultern. Mordechai wehrte sich nicht. In seinem Büßergewand würde man ihn nicht durchs Tor lassen.

Schon bald gelangten sie an eine große Tür. Hegai öffnete sie und sie traten ein. Der Eunuch wartete an der Tür, während Mordechai den Raum betrat. Kleine Lampen warfen genug Licht, dass man einen großen Tisch erkennen konnte. Nicht angezündete Fackeln hingen gleichmäßig über die Wand verteilt. Am Ende des Raumes befand sich eine Feuerstelle, deren Feuer zu Glut herabgebrannt war. Mordechai kannte diesen Bankettsaal sehr gut. Noch vor einer Woche hätte er hier mit einer Abordnung von Gästen feiern und lachen können.

Aber all das hatte sich geändert, als er seine Volkszugehörigkeit preisgegeben und sich in Sack und Asche gehüllt hatte.

Tagelang war er durch die Straßen der Hauptstadt geirrt. Seine Schreie hallten von den Torbögen und Mauern wider. Seine Tage als Diplomat waren vorüber. Die Tage der Juden waren gezählt. Sie brauchten jemanden, der beim König für sie eintreten konnte. Dieser Jemand stand nun am Ende des langen Tisches und blickte ihn erwartungsvoll an.

Er trat so dicht an sie heran, wie die Etikette es erlaubte, und neigte den Kopf.

Dann hob er ihn wieder, um in ihr tränenverschmiertes Gesicht zu sehen. Ihre Lippen waren trocken und rissig. Sie trug nur ein ganz einfaches Kleid.

„Ich bin bereit", sagte sie. Ihre Stimme war fest und entschlossen. Mut schwang darin mit.

„Du wirst zum König gehen? Unaufgefordert?"

„Ja."

„Wenn er dich empfängt, dann rede ganz geradeheraus mit ihm."

„Nein, ich muss es raffiniert angehen."

Mordechai neigte fragend seinen Kopf zur Seite.

„Er versteht nur die Sprache des Vergnügens. Und die werde ich sprechen."

Sie flüsterte ihm ihre Pläne zu. Er nickte. „Das ist klug." Dann berichtete er ihr: „Ich war in den vergangenen Tagen einige Male im Dorf der Juden. Sie beten. Sogar die Kinder."

Bei dem Gedanken musste die Königin lächeln.

„Die Kinder?"

„Ja. Sie haben mir eine Botschaft von Gott für dich mitgegeben."

„Eine Botschaft von Gott?"

„Sie haben mich auf der Straße angehalten und sie aufgesagt.

‚Du brauchst dich nicht vor einem plötzlichen Unglück zu fürchten, auch nicht vor dem Untergang der Gottlosen, der über sie hereinbrechen wird.'"[1]

Ester nickte. „So möge es geschehen. Mögen ihre Gebete zum Himmel aufsteigen."

Dann herrschte einen langen Moment Stille.

Schließlich hielt sie ihm ihre sanfte, reine Hand hin. Er nahm sie in seine Hände.

„Abba?"

„Mein Kind?"

„Wenn ich umkomme … was passiert dann?"

Mordechai schluckte schwer und seufzte. „Wenn du umkommst, wirst du deine Mutter und deinen Vater sehen. Abraham wird dich begrüßen. Rut wird dich in Empfang nehmen …"

„Und was wird aus unserem Volk?"

„Gott wird sie trotzdem befreien."

Sie nickte, während er sprach. Das Kerzenlicht spiegelte sich in ihren feucht gewordenen Augen.

Einen Augenblick lang war sie nicht länger die Königin. Er war kein Adliger. Und ihr Volk erwartete nicht das Todesurteil.

Die beiden standen auf einem Feld, einem goldgelben Feld.

Hegai trat ins Licht. „Meine Königin, es ist Zeit", unterbrach er sie.

Und nach diesen Worten verließ sie den Saal.

Kapitel 7

Gott spricht am lautesten, wenn er flüstert

Ich finde den Schmetterlingseffekt nicht gerade tröstlich. Die Beschäftigung mit dieser Theorie schenkt mir keinen Trost. Weißt du, wovon ich rede? Anhänger des sogenannten Schmetterlingseffekts führen einen Hurrikan in Florida auf die Geschäftigkeit eines Insekts in Westafrika zurück.[1] Dieses Denkmodell besagt in etwa Folgendes: Ein Schmetterling schlägt genau zur richtigen Zeit mit den Flügeln und erzeugt dadurch einen winzigen Luftstrom. Dieser Luftstrom wächst und wächst und schlägt Wellen um den gesamten Globus, bis er schließlich zu einem chaotischen Sturm wird.

Bei der Sache mit dem Schmetterling komm ich grundsätzlich noch mit. Die Vorstellung, dass kleine Dinge große Wirkung haben können? Niemand, der schon mal ein Samenkorn gepflanzt hat, würde die Kraft der bescheidenen Anfänge infrage stellen. Ich stelle daher nicht das Ergebnis infrage, sondern die Willkür. Werden Menschen Opfer eines bloßen Flügelschlags? Werden ganze Städte ins Meer gespült, weil ein Insekt aktiv wird? Sind wir nur Wetterfahnen, die von einem gesichtslosen Schicksal hin und her geweht werden? Wer findet schon Trost in einer Philosophie der Zufälligkeiten?

Ich nicht. Aber ich finde Trost in Verheißungen wie diesen:

Unser Gott ist im Himmel, und er tut alles, was er will. (Psalm 115,3)

Und auch in Zukunft bin ich der Herr dieser Welt. Was ich in der Hand halte, kann mir niemand entreißen. Wer könnte mich daran hindern, zu tun, was ich will? (Jesaja 43,13; Hfa)

… denn Gott hat uns von Anfang an erwählt, wie er es mit seinem Willen beschlossen hatte. (Epheser 1,11)

Ein Prophet fragte: „*Kann überhaupt irgendetwas geschehen, ohne dass der Herr es will?*" (Klagelieder 3,37)

Ein anderer verkündete: „*Und es gibt keinen, der ihm Einhalt gebieten könnte oder zu ihm sagen dürfte: ‚Was tust du da?'*" (Daniel 4,32)

Gott verkündete: „*Ich habe von Anfang an das, was kommen wird, vorausgesagt, schon lange, bevor es Wirklichkeit wurde. Ich sage: ‚Was ich plane, steht fest. Alles, was mir gefällt, führe ich auch aus.'*" (Jesaja 46,10)

Der Schmetterling schlägt vielleicht mit den Flügeln, aber nur mit Gottes Erlaubnis wird aus einem Flügelschlag ein Hurrikan, durch ihn, den „*gnädigen und allein allmächtigen Gott*". (1. Timotheus 6,15)

Das war auf jeden Fall in Esters Geschichte so. Schnall dich schon mal an, die nächsten Szenen entwickeln sich mit rasanter Geschwindigkeit. Kapitel 5 beginnt damit, dass Ester wieder königlich gekleidet im Innenhof steht, gerade nah genug, dass der König einen Blick auf sie erhaschen und ihr Parfüm riechen kann. „Als er Königin Ester im Innenhof stehen sah, war er ihr wohlgesinnt und streckte ihr sein goldenes Zepter, das er in der Hand hielt, entgegen. Da trat Ester zu ihm und berührte die Spitze des Zepters" (Vers 2).

(Ich weiß aus sicherer Quelle, dass Xerxes, als er sein goldenes Zepter ausstreckte, auf gut Persisch gesagt hat: „Hallo, meine Hübsche. Was geht?") Er lud sie nicht nur ein, hereinzukommen, sondern er war auch offen für eine Bitte. „Was willst du, Königin Ester? Was hast du für einen Wunsch? Ich erfülle ihn dir, und wenn es die Hälfte meines Reiches ist!" (Vers 3).

Ester hatte nur einen Wunsch: eine Verabredung zum Abendessen. Ein netter Abend mit dem König, Haman und ihr. Nur diese drei. Ein wenig plaudern, eine Flasche Champagner und ein wenig Musik von Frank Sinatra. Der einfachste Weg zum Herzen eines Mannes geht durch den Magen, nicht wahr?

Und der Abend war ein voller Erfolg. Haman ging mit vollem Magen und stolz erhobenem Haupt nach Hause. Das Schicksal meinte es gut mit ihm. Er war der engste Berater des Königs und bei besonderen Anlässen der Lieblingsgast der Königin. Während er über den Innenhof schritt und den untertänig dreinschauenden Dienern zunickte, lächelte er in sich hinein. Besser konnte sein Leben nicht werden! Dann sah er Mordechai am Tor sitzen, weiterhin in Sack und Asche – der Mann, der sich weigerte, sich vor ihm zu verbeugen. Haman fauchte wütend.

Vorbei war es mit der guten Laune. Und schon war er wieder muffelig. Haman ging so schlecht gelaunt nach Hause wie ein Marathonläufer mit einem Hallux. Er rief seine Freunde und seine Frau herbei und sagte ihnen unumwunden, dass Mordechai ihm in die Parade gefahren war.

„Und darüber hinaus hat Königin Ester mich allein zusammen mit dem König zu einem Festmahl geladen, das sie vorbereitet hatte. Und morgen bin ich wieder mit dem König bei ihr eingeladen! Aber das alles bedeutet mir nichts, solange ich mit ansehen muss, dass der Jude Mordechai hier in der königlichen Verwaltung Dienst tut."

Da schlugen ihm seine Frau Seresch und alle seine Freunde vor: „Man soll einen Galgen aufrichten, 50 Ellen hoch. Bitte den König morgen früh, Mordechai daran aufzuhängen. Dann kannst du fröhlich mit dem König zum Festmahl gehen." Der Vorschlag gefiel Haman gut und er ließ den Galgen errichten. (Verse 12–14)

Er musste seinem Gegner einen gezielten Schlag versetzen! Genau das war es. Eine klare, eindeutige Botschaft schicken. Andersgläubige hatten den Tod verdient. Menschen, die ihm nicht gehorchten, ebenfalls. Haman befahl, einen Galgen zu bauen, der 25 Meter hoch war – umgerechnet acht Stockwerke! Und das war noch nicht alles: Wer an einem persischen Galgen aufgehängt wurde, bekam keinen Strick um den Hals, sondern einen Pfahl durch den Leib. Als Haman an diesem Abend zu Bett ging, dachte er vermutlich daran, dass Mordechai aufgespießt werden würde. Das ist nicht gerade die angenehmste Art einzuschlafen. Aber Haman war auch kein angenehmer Mensch.

Apropos einschlafen: Das konnte König Xerxes an diesem Abend nicht. Er wälzte sich unruhig hin und her. Er schlug immer wieder auf sein Kissen, weil es irgendwie unbequem war. Er setzte sich auf die Bettkante, stöhnte und rülpste. Er vermutete, die scharf gewürzte Soße sei daran schuld, dass er nicht einschlafen konnte. Es wäre jedoch klüger gewesen, die Schuld dem himmlischen Schmetterling zu geben.

Heutzutage hört man sich Predigten von Max Lucado an, wenn man nicht schlafen kann. Xerxes hatte keine solchen Hilfsmittel, also verlangte er, dass man ihm etwas (Langweiliges) aus den Chroniken vorlas. Sein Kammerdiener betrat den Raum mit einer dicken Schriftrolle. Er öffnete sie und fing an, ihre Inhalte herunterzuleiern. Mit eintöniger, leicht nasaler Stimme las er das Protokoll der letzten Ratssitzung vor – so langweilig, dass man damit einen Patienten vor einer Bypassoperation hätte betäuben können.

„Für Susa wurden sechs Tore bestellt."

„Der König hat zugestimmt, neue Helme für die Armee zu kaufen."

„Es wurden im ganzen Reich sieben Millionen Büroklammern verteilt."

„Mordechai hat dem König das Leben gerettet, weil er einen geplanten Mordanschlag zur Kenntnis brachte."

Was?! Der König richtete sich im Bett auf und befahl dem Vorleser innezuhalten.

Erinnerst du dich an dieses Ereignis vom Beginn unserer Geschichte? Mordechai bekam zufällig mit, dass zwei Aufständische planten, den König zu ermorden. Er berichtete Ester von dem Plan. Die Königin wiederum erzählte Xerxes davon und der König überlebte. Die Sache wurde in der Chronik festgehalten, aber Mordechai erhielt dafür keine Belobigung. Bis jetzt.

„‚Welche Belohnung oder Ehrung hat Mordechai dafür bekommen?', fragte der König" (Ester 6,3).

Als der König erfuhr, dass nichts unternommen worden war, um den Mann zu ehren, der ihm das Leben gerettet hatte, schäumte er vor Wut. Wie konnte das sein? Mordechai, der die Krone beschützt hatte, hatte noch nicht einmal eine goldene Uhr bekommen. Xerxes verließ sein Bett und ging im Zimmer auf und ab. Er musste etwas unternehmen. Aber was? Xerxes brauchte Rat.

„Wer ist das dort im äußeren Vorhof?", fragte der König. Nun war aber gerade Haman im äußeren Vorhof des Palastes eingetroffen. Er wollte den König bitten, Mordechai an den Galgen, den er hatte aufrichten lassen, zu hängen. Die Diener antworteten dem König: „Haman steht im Vorhof." „Er soll hereinkommen", sagte der König. (Verse 4–5)

Das geschah bei Tagesanbruch. Beide Männer dachten an Mordechai – Xerxes wollte ihn ehren und Haman wollte ihn pfählen.

Da der König von Letzterem keine Kenntnis hatte, ließ er Haman rufen, um dessen Rat einzuholen. Haman marschierte mit stolzgeschwellter Brust in die Gemächer des Königs. Aber noch bevor er seinen König begrüßen konnte, stellte Xerxes ihm schon eine Frage. „‚Was kann ich für einen Mann tun, den ich belohnen möchte?' Haman dachte sich: ‚Wen außer mir sollte der König wohl belohnen wollen?'" (Vers 6).

Der Narzisst in Haman ging davon aus, dass der König ihm

im Stillen Anerkennung zollen wollte. Wer hatte schließlich die Anerkennung des Königs mehr verdient? Er blies sich geziert auf die Fingernägel und rieb sie an seiner Brust. Er konnte den gerade angebrochenen Tag schon vor sich sehen: Er würde auf dem Pferd des Königs reiten und ein royales Gewand tragen. Die Menschen würden Rosenblätter auf seinen Weg streuen und sich vor ihm verneigen. Er würde ihnen Kusshände zuwerfen und sie würden den Gruß erwidern. Es würde großartig werden.

Er antwortete: „Dem Mann, den Ihre Majestät belohnen möchte, sollte eines der königlichen Gewänder, das der König bereits getragen hat, und eines der Pferde, auf dem der König geritten ist und das den königlichen Kopfschmuck trägt, gebracht werden. Er soll das Gewand und das Pferd durch einen der edlen Fürsten des Königs erhalten. Dem Mann, den Ihre Majestät belohnen will, soll das Gewand angelegt werden und er soll auf dem Pferd über den Marktplatz der Stadt geführt werden. Dabei soll man vor ihm ausrufen: ‚So ergeht es einem Mann, den der König belohnen will!'" (Verse 7–9)

„Tolle Idee", antwortete König Xerxes.

Natürlich ist das eine tolle Idee, dachte Haman, dieser Egomane.

Was dann geschah, ist eine der großartigsten Szenen in der Bibel. „‚Rasch!', sagte der König zu Haman. ‚Geh und hole das Gewand und das Pferd und tue so, wie du es gesagt hast, für den Juden Mordechai, der in der königlichen Verwaltung Dienst tut. Lass nichts weg von allem, was du vorgeschlagen hast'" (Vers 10).

Besser geht es nicht.

Innerhalb von Sekunden zerplatzte Hamans großer Traum und es war Mordechais großer Tag in Susa mit Blaskapelle und allem – sogar einem Sousafon.[2] (Sorry, ich konnte mir dieses Wortspiel einfach nicht verkneifen.) Das ist die erste von mehreren Schicksalswendungen in dieser Geschichte. Haman hatte geplant, Mordechai aufspießen zu lassen. Stattdessen musste er ihm helfen, auf das Pferd des Königs zu steigen. Haman hatte vorgehabt, Mordechai unter den Buhrufen der Menge zur Hinrichtung zu führen. Stattdessen musste er ihn unter den Jubelrufen der Menge durch die Straßen der Stadt führen. Es hätte Hamans großer Tag sein sollen. Jetzt war es der bis dato schlimmste Tag seines Lebens.[3]

Wie heißt noch gleich „ausgleichende Gerechtigkeit" auf Persisch?

„Haman aber eilte tief gedemütigt nach Hause. Er erzählte seiner Frau Seresch und seinen Freunden alles, was ihm passiert war" (Verse 12–13).

Wer hätte das geahnt? Wer hätte sich eine solche 180-Grad-Wendung der Ereignisse vorstellen können? Antwort: Gott.

Gott hatte alle Details dieser Geschichte eingefädelt: Der König, der nicht schlafen konnte. Das Vorlesen aus der Chronik. Der Eintrag über Mordechai. Dass Haman gerade den Schlosshof betrat. Wer sonst hätte dafür sorgen können als der gnädige und allmächtige Gott? „Und was Gott einmal beschlossen hat, das führt er auch aus" (Epheser 1,11; Hfa).

Und das gilt auch für den heidnischsten Winkel dieser Erde. Sogar für das Herz eines vergnügungssüchtigen Königs. Ja, selbst im Zusammenspiel zweier Männer, die gemeinsam den Tod von Tausenden von Juden beschlossen hatten, war Gott am Werk.

Und er ist noch heute am Werk. Du glaubst, das Schicksal hat sich gegen dich verschworen? Und dass sogar Gott gegen dich ist? Du glaubst, das Leben sei ein Glücksspiel, und du weißt gar nicht mehr, wann die Würfel das letzte Mal zu deinen Gunsten gefallen sind? Hast du das Gefühl, deine guten Taten bleiben unbemerkt? Und deine Aufrichtigkeit wird nicht belohnt?

Wenn ja, dann denke kurz über Haman und Mordechai nach. Gott hat ihre Schicksale einfach vertauscht: Für Haman fing der Tag großartig an, und als er die königlichen Gemächer betrat, hatte er noch alles unter Kontrolle. Für Mordechai fing der Tag in Sack und Asche an, als er im Schatten eines acht Stockwerke hohen Galgens betete, der für ihn bestimmt war. Aber von einem Augenblick auf den anderen wurde Haman gedemütigt und Mordechai wurden die Schlüssel zur Stadt überreicht. In Gottes Händen war das von Haman in die Wege geleitete Todesurteil nicht das Papier wert, auf dem es gedruckt war.

Wenn das nächste Mal jemand zu dir sagt: „Der Teufel steckt im Detail“, dann korrigiere ihn. *Gott* steckt im Detail. Er ist auch in den kleinen Dingen am Werk. Was unbedeutend ist, wird bedeutend, weil er schon seit Jahrtausenden die alltäglichen Kleinigkeiten unzähliger Leben lenkt, um das zu erreichen, was im Einklang ist mit seinen liebevollen Absichten für die Menschen.

Gott steckt im Detail.
Er ist auch in den kleinen Dingen am Werk.

Ich kenne eine Mutter, die das nur allzu gut bestätigen kann. Um ihre Privatsphäre zu schützen, werde ich ihren Namen nicht nennen. Aber ich will dir ihre Geschichte erzählen.

Sie hatte beschlossen, sich das Leben zu nehmen. Zahllose Schicksalsschläge hatten ihren Tribut gefordert und sie konnte einfach nicht mehr. Die junge Frau hatte ihren Abgang bis ins letzte Detail geplant. Eines dieser Details war ein Besuch im Buchladen, wo sie ein Kinderbuch für ihre Kinder kaufen wollte. Es sollte ihr Abschiedsgeschenk sein.

Sie bat den Ladenbesitzer um eine Empfehlung. Er führte sie zu einem Regal, in dem ein Buch mit dem Titel *Die Melodie des Königs* stand, geschrieben von einem gewissen Max Lucado. Die Mutter kaufte das Buch. Was danach passierte, weiß ich, weil sie mir auf der Rückseite der Papiertüte des Buchladens einen Brief schrieb.

Ich will Ihnen nur kurz schreiben, um mich für Ihr wunderbares Buch Die Melodie des Königs *zu bedanken. Ich ging heute in den Buchladen, um für diverse Menschen Geschenke zu kaufen. Seit einigen Wochen trage ich mich mit dem Gedanken, mir das Leben zu nehmen. Ich habe jahrelang darum gerungen, „glauben und fühlen zu können", dass es Gott wirklich gibt. Ich habe das Buch als Abschiedsgeschenk für eines meiner Kinder gekauft. Ich hatte keine Ahnung, worum es darin ging, aber es war angeblich ein christliches Buch und es hatte einen schönen Einband.*

Dann bin ich einige Stunden in der Gegend herumgefahren und habe geweint. Ich wollte warten, bis meine Kinder im Bett waren. Erst dann wollte ich nach Hause zurückkehren, die Geschenke dort hinterlassen und dann für immer verschwinden.

Aber Gott hat mich auf einen kleinen Umweg geführt. Mein

Auto hatte kein Öl mehr, und der Motor fing an, klickende Geräusche zu machen. Ich wollte eine dieser Express-Ölwechsel-Werkstätten aufsuchen, aber alle waren geschlossen. Ich war so wütend – mein Auto musste doch noch lange genug funktionieren, dass ich damit nach Hause und dann zu einem nahe gelegenen Bahngleis fahren konnte.

Ich fuhr auf einen Parkplatz, ging die Geschenke durch und schrieb zu jedem kleine Ermutigungen. Aus irgendeinem Grund beschloss ich, „Zeit zu vergeuden" und Die Melodie *des Königs zu lesen. Das Buch berührte mich wirklich. ... Ich hatte das Gefühl, als könne ich Jesus tatsächlich auf eine andere Art kennenlernen. Statt mir heute Abend das Leben zu nehmen, werde ich jetzt nach Hause fahren und das Buch noch einmal lesen. Ich wünsche mir eine Beziehung zu Gott. ... Ich werde jetzt wenden, diesen Brief abschicken, nach Hause zurückkehren und meinen Kindern eine Geschichte vorlesen.*

Ein König kann nicht schlafen.

Eine verzweifelte Mutter kauft ein Buch.

Und ein jüdischer Arzt erzählt Alexander in einem russischen Gefängnis von seinem Glauben.

Alexanders Geschichte beginnt 1918. Das Russland, in das er hineingeboren worden war, gelangte unter die Herrschaft der Kommunisten, unter denen die Bevölkerung Hunger litt und Regimekritiker ermordet wurden. Alexander, ein frühreifes und kluges Köpfchen, wusste schon mit neun Jahren, dass er Schriftsteller werden wollte. Da er im Haus seiner Tante Zugang zu einer Bibliothek mit zahlreichen Klassikern hatte, las er auch die Großen der russischen Literatur wie Dostojewski und Tolstoi.

Obwohl er durch seine Tante Irina mit dem orthodoxen

Glauben in Berührung kam, wurde er schon als junger Erwachsener ein Schüler von Marx und Lenin und las ihre Schriften mit großer Begeisterung. Er bekam ein Stalin-Stipendium an der Universität und war auf dem besten Wege, eine große literarische oder akademische Laufbahn einzuschlagen. Aber dann brach der Zweite Weltkrieg aus.

Moskau wurde belagert und Alexander zum Militär eingezogen. Er kam zu einer Transporteinheit, die Pferde benutzte. Man machte sich dort wegen seiner akademischen Bildung und seiner gewählten Ausdrucksweise über ihn lustig. Das Soldatenleben war nichts für ihn.

Aber im Vergleich zu dem, was noch kommen sollte, war es ein Zuckerschlecken. Er wurde fälschlicherweise verdächtigt, mit einem Spion Kontakt gehabt zu haben, und am 9. Februar 1945 verhaftet. Er glaubte, alles sei nur ein Missverständnis, und war überzeugt, bald wieder entlassen zu werden. Wie sehr er sich doch irrte. Er war in den grauenhaften Strudel des sowjetischen Totalitarismus geraten. In den nächsten acht Jahren fand er sich in einer Vielzahl russischer Gefängnisse wieder, manche besser und manche schlimmer, aber alle ließen nichts Gutes erahnen. Stück für Stück schwand sein Glaube an das Regime. Aber was sollte diesen ersetzen?

Im Gegensatz dazu begann der Glaube seiner Kindheit Stück um Stück wieder zu wachsen. Alexander traf im Gefängnis auf intellektuelle Christen, die zu seiner wachsenden Überzeugung beitrugen. Aber der Schlussstein wurde im Januar 1952 gelegt, als ein schmerzhafter Knoten in Alexanders Leiste wuchs. Krebs. Als er sich von einer Operation erholte, besuchte ihn ein jüdischer Arzt, der erst kürzlich Christ geworden war.[4]

Alexander beschrieb die Begegnung später folgendermaßen:

Leidenschaftlich erzählt er mir die lange Geschichte seiner Wende vom Judentum zum Christentum. … Die Überzeugung dieses Neubekehrten und der Eifer in seinen Worten erstaunen mich. …

Ich kann sein Gesicht nicht sehen. Durch das Fenster dringen nur die bruchstückhaften Lichtspiegelungen der Außenanlage. Und die Tür zum Korridor schimmert in einem gelblichen elektrischen Licht. Aber in seiner Stimme liegt ein so mystisches Wissen, dass ich erschaudere.[5]

Wie sich später herausstellen sollte, war dies das letzte Gespräch, das jener Arzt führte. Er wurde beschuldigt, ein Spitzel zu sein, und am nächsten Tag zu Tode geprügelt. Alexander vergaß dieses Gespräch jedoch nie.

Schon bald trat er in die Fußstapfen des Arztes und folgte ebenfalls den Spuren des Messias. Seine Leidenschaft für Jesus, seine Liebe zum Schreiben und sein entschlossener Kampf für die Freiheit brachten Bücher hervor, die für viele zu den bedeutendsten Werken der Weltliteratur gehören. Ich habe ihn bislang bei seinem Vornamen genannt. An seinem Nachnamen würdest du ihn sofort erkennen – Solschenizyn.

In seinem Klassiker *Der Archipel Gulag* beschreibt er unter anderem seine Entscheidung für Gott.

Und nun wird mir mit vollem Maß zurückgegeben,
ich schöpfe das lebendige Wasser.
Gott des Universums! Ich glaube wieder!
Obgleich ich dich verleugnete, warst du bei mir![6]

Wenn die Welt aus den Fugen
zu geraten scheint, dann halte
an dieser einen Wahrheit fest:
Nicht der Flügelschlag
des Schmetterlings bestimmt
den Verlauf der Geschichte.
Gott tut das.

Manche schreiben den Zusammenbruch des Kommunismus zum Teil seinen Schriften zu. Wer hätte je gedacht, dass sich ein Mensch in einem Gefängnis, das auf dem Fundament des Atheismus errichtet wurde, Jesus zuwenden und diese Welt verändern würde?

Eine weitere göttliche Kehrtwendung.

Deine kommt vielleicht noch. Vertraue darauf, dass Gott am Werk ist. Lebe so, als könntest du es schon sehen. Hör nicht auf die Stimmen des Zweifels und der Angst. Weiche dem Kampf nicht aus.

Du kannst nicht erkennen, dass Gott für dich kämpft? Sein Handeln ergibt für dich keinen Sinn? Das macht nichts. Halte an dem fest, was du über Gott weißt, und warte geduldig darauf, dass sich dir auch das erschließt, was du noch nicht weißt. „[Die] auf den Herrn warten, gewinnen neue Kraft" (Jesaja 40,31).

Wenn die Welt aus den Fugen zu geraten scheint, dann halte an dieser einen Wahrheit fest: Nicht der Flügelschlag des Schmetterlings bestimmt den Verlauf der Geschichte. Gott tut das. Er hat es bei Ester getan und er macht es noch heute.

Kapitel 8

Die Bösen werden nicht gewinnen

In einer Folge der Kultserie *The Twilight Zone* von 1962 wird die Geschichte eines eingebildeten, barschen Mannes erzählt. Er verschanzt sich in seiner Wohnung, weil ihn gewissermaßen sein Glaube an eine große Verschwörung gefangen hält. Er, und nur er allein, sieht die Welt, wie sie wirklich ist: ein Planet, der von Menschen bewohnt wird, die den Tod verdient haben.

Die Folge beginnt wie jede Episode der Serie mit einer Einleitung durch den Schöpfer der Serie, Rod Serling. Er stellt die ganz von sich selbst eingenommene Hauptperson vor. „Das ist Oliver Crangle. Er versprüht Gereiztheit und Gift." Er fährt fort und erzählt von Crangles „Verwandlung von einem krankhaften Fanatiker, der durch den Wundbrand der Vorurteile vergiftet wurde, in einen aufrechten, allwissenden, hingebungsvollen und Furcht einflößenden Racheengel."

Crangle kennt kein Mitleid. Er tobt vor Wut über Menschen, die er gar nicht kennt. Er verlangt, dass ihre Arbeitgeber sie entlassen. Er will, dass die Polizei sie verhaftet. Crangle besteigt den Richterstuhl der Selbstgerechtigkeit und spricht alle anderen schuldig.

Und er schmiedet einen Plan, um diese Welt von all den abstoßenden Menschen zu befreien. Er informiert das FBI darüber, dass alle widerwärtigen, bösen Menschen der Welt um 4 Uhr nachmittags ganz leicht zu erkennen sein werden und gefangen genommen werden können: Crangle wird sie in zwei Fuß große Winzlinge schrumpfen lassen.

Dann wird der Gerechtigkeit endlich Genüge getan sein. Die Bösen werden enttarnt werden, und man wird endlich erkennen, dass er der Held ist. Als die schicksalhafte Stunde naht, kann sich Crangle vor Aufregung kaum halten. Voller Vorfreude eilt er um 4 Uhr nachmittags zu seinem Fenster, um den Tag der Abrechnung zu feiern. Aber, oh weh, er ist zu klein, um hinauszuschauen. Er, Crangle, ist geschrumpft. Er ist nur noch ein zwei Fuß großer Winzling.[1]

Kennst du so einen Mr. Crangle? Bist du schon einmal einem dieser engstirnigen, egozentrischen, widerlichen Zeitgenossen über den Weg gelaufen, die die Welt von ihrem hohen Ross herab betrachten? Sie nutzen andere aus. Sie schubsen sie herum. Sie verachten sie. Sie versklaven sie. Sie versuchen sogar, sie auszulöschen.

Haman war ein solcher Crangle. Der Bösewicht in Esters Geschichte lebte in seiner eigenen Welt. Dort hatten alle anderen nur eine Funktion: Sie hatten ihm zu dienen, sich vor ihm zu verneigen. Als eine Person genau das nicht tat, entschied Haman über ihr Schicksal und das Schicksal ihres gesamten Volkes: Tod! Aber Hamans Hochmut war nur von kurzer Dauer. Seine Terrorherrschaft nahm in Xerxes' Festhalle ein Ende.

Der König und Haman gingen zu Königin Esters Festmahl. Auch diesmal fragte der König sie beim Wein: „Was bittest du, Königin

Ester? Es soll dir gegeben werden. Was hast du für einen Wunsch? Ich erfülle ihn dir, und wenn es die Hälfte meines Reiches ist.“ (Ester 7,1–2)

Das geschah bei Festmahl Nr. 2. Seit dem ersten Festmahl war viel passiert: Haman hatte Mordechais Tod geplant. Xerxes hatte Mordechais Loyalität belohnt. Haman hatte diese Belohnung für sich selbst erhofft. Mordechai, der sich geweigert hatte, Haman anzubeten, war stattdessen geehrt worden. Haman war darüber so wütend und außer sich, dass er die Feier beinahe verpasst hätte.

Das zweite Festmahl war dem ersten absolut ebenbürtig. Es gab mehr als genug Wein. Es gab überreichlich zu essen. Die Feierlichkeit half Haman zu vergessen, wie schlecht sein Tag verlaufen war. Er wollte sich gerade noch einmal Wein in seinen Kelch gießen, als der König die Königin nach ihren Wünschen fragte. Das hatte er schon einmal getan. Ester hatte damals die Antwort hinausgezögert. Aber jetzt war der richtige Zeitpunkt gekommen. Ihr Puls muss gerast haben, als sie ihm ihre Antwort gab.

„Wenn mir Ihre Majestät wohlgesinnt ist und es Ihnen gefällt, so bitte ich, dass mir mein Leben geschenkt werde und auf meinen Wunsch hin mein Volk verschont wird. Denn mein Volk und ich wurden verkauft, damit man uns umbringe und vernichte, ja gänzlich ausrotte. Wenn wir nur als Sklaven und Sklavinnen verkauft worden wären, hätte ich geschwiegen, denn das wäre zu unwichtig gewesen, um Ihre Majestät damit zu behelligen.“ (Verse 3–4)

Der Schlüssel zur Botschaft sind die Worte „mir … ich … mir mein … mein Volk und ich … umbringe und vernichte … Wenn wir nur als Sklaven und Sklavinnen verkauft worden wären …“.

Ester, die Königin von Persien, gestand, dass sie Ester, die Jüdin, war. Sie verknüpfte ihr Schicksal mit dem Schicksal ihres Volkes. Schweigen legte sich über den Raum. Im Kopf des Königs drehte sich sicher alles. Er versuchte verzweifelt, die Zusammenhänge zu begreifen. *Jemand plant, die Juden umzubringen? Und du bist Jüdin? Jemand plant, meine Königin umzubringen?*

„Wer ist es?“, fragte König Ahasveros Königin Ester. „Wo ist der, der sich so etwas in den Kopf gesetzt hat?“ Ester antwortete: „Dieser niederträchtige Mensch dort, Haman, ist unser Feind und Widersacher.“ Haman zuckte zusammen und wurde vor den Augen des Königs und der Königin kreidebleich. (Verse 5–6)

Haman fing an zu zittern. Er hatte keine Möglichkeit, sich gegen diesen Vorwurf zu wehren. Sein Mund stand offen, der Kelch entglitt seiner Hand.

Xerxes stürmte aus dem Raum. Er tobte. Er kochte vor Zorn. Er war wütend auf Haman, weil dieser ihn hereingelegt hatte, und wütend auf sich selbst, weil er sich hatte hereinlegen lassen.

Das Blut wich aus Hamans Gesicht. Wenn er nicht schnellstens etwas unternahm, würde es auch bald aus seinem gesamten Körper weichen. Er flehte Ester um Gnade an. Er warf sich auf die Bank, auf der Königin Ester lag. Xerxes kehrte in den Raum zurück und sah, wie Haman nach der Königin griff. Wollte er sie etwa bedrohen?

Haman, der einen Juden töten wollte, weil dieser sich in

seiner Gegenwart nicht niederwerfen wollte, wurde dabei ertappt, wie er eine Jüdin anbettelte. Aber das ist noch nicht alles.

Als Zeichen dafür, dass er zum Tode verurteilt war, verhüllten die Wachen Hamans Gesicht und nahmen ihn gefangen (Vers 8). Einer der Beamten des Königs sah aus dem Fenster auf den 25 Meter hohen Galgen. „Wenn ich einen Vorschlag machen dürfte, Eure Majestät …“ Xerxes nickte und Haman hatte verstanden.

Zwar gibt es in der Geschichte von Ester noch mehr zu klären (zum Beispiel ein unwiderruflicher Erlass des Königs, der vorschrieb, dass die Juden zu töten waren), aber wir sollten an dieser Stelle den Blick auf einen wichtigen Punkt dieses biblischen Buches richten.

Unser Gott ist ein gerechter Gott.

Ihm entgeht nichts. Ihm entgeht niemand. Die Bösen werden nicht gewinnen.

Auch Belsazar musste das am eigenen Leib erfahren. Er wurde 539 v. Chr. König von Babylon, etwa 53 Jahre bevor Xerxes den Thron bestieg.

Belsazar lud eintausend Edelleute ein, mit ihm zu feiern – es sollte ein schicksalsträchtiges Bankett werden. Berichten zufolge war die Halle 500 Meter breit und eineinhalb Kilometer lang. „Rund 4500 Säulen, die die Form von riesigen Elefanten hatten, bildeten die Mauern.“[2] Es gab Musik, ein Festmahl und – das konntest du dir wahrscheinlich schon denken – viel Wein.

Im Rausch befahl er, die goldenen und silbernen Becher zu holen, die sein Vater Nebukadnezar aus dem Tempel in Jerusalem erbeutet hatte. Er wollte selbst daraus trinken, aber auch die mächtigen Männer seines Landes sowie seine Frauen und Nebenfrauen daraus trinken lassen. Man brachte ihm also die goldenen Becher, die man aus dem Tempel, dem Haus Gottes, in Jerusalem mitgenommen hatte, und alle tranken daraus. Während sie ihren Wein tranken, rühmten sie ihre Götzen aus Gold, Silber, Bronze, Eisen, Holz und Stein. (Daniel 5,2–4)

Als Nebukadnezars Armee etwa 50 Jahre zuvor den Tempel geplündert und niedergebrannt hatte, hatte sie alle Wertgegenstände mitgenommen. Dazu gehörten auch die Menora, der Rauchopferaltar, der Tisch mit den Schaubroten, Schalen und Krügen. Diese Gegenstände standen ein halbes Jahrhundert unberührt im Lager, bis Belsazar diese Party schmiss. Und der König befahl, die Tempelgegenstände als gewöhnliche Weinkelche zu benutzen.

Warum tat er das? Hatten sie nicht genug Gläser? War die Spülmaschine kaputt? Streikte das Küchenteam? Nein, es gab nur einen Grund: Der König wollte den Gott Israels verhöhnen. Belsazar machte sich über Jehova lustig. Er benutzte heilige Gegenstände bei einem heidnischen Saufgelage. Seine Respektlosigkeit blieb jedoch nicht unbemerkt. Aus der Dunkelheit tauchte eine mysteriöse Hand auf.

Plötzlich erschienen Finger wie von eines Menschen Hand. Sie schrieben auf die getünchte Wand des königlichen Palastes, die dem Leuchter und dem König gegenüberlag, sodass der König den Rücken der schreibenden Hand sehen konnte. Da wurde der König blass, Furcht überkam ihn und er wurde so kraftlos, dass seine Knie schlotterten und nachgaben. (Verse 5–6)

Unser Gott ist ein gerechter Gott.

Ihm entgeht nichts.

Ihm entgeht niemand.

Die Bösen werden nicht gewinnen.

Kannst du dir diesen Augenblick vorstellen? Eine körperlose Hand erschien aus dem Nichts. Sie schwebte im Schein des Leuchters. Einer der Finger der Hand ritzte eine Nachricht in den Putz der Wand. Im Raum wurde es totenstill. Belsazar zitterte so sehr, dass er zusammenbrach. Aus einem hämischen Grinsen wurde ein beunruhigtes Stirnrunzeln. Aus seiner Prahlerei ein Winseln. Sein Herz pochte bis zum Hals.

Die Menschen konnten die Bedeutung der Schrift jedoch nicht verstehen. Der König ließ Astrologen und Wahrsager herbeirufen. „Legt mir diese Schrift aus", sagte er, „dann werdet ihr reich und mächtig!" (Vers 7). Aber sie waren ratlos.

Die Königinmutter vernahm den Tumult und betrat den Festsaal. Als sie den König sah, sagte sie: „Du brauchst nicht zu erschrecken oder blass zu werden. Es gibt einen Mann in deinem Reich, in dem der Geist der heiligen Götter wohnt. … Lass nun Daniel rufen, er wird dir die Bedeutung der Schrift sagen können" (Verse 10–12).

Daniel wurde herbeizitiert. Sein Haar war inzwischen silbergrau und sein Rücken leicht gebeugt. Aber sein Verstand und sein Glaube waren noch immer genauso leidenschaftlich und so scharf wie geschliffener Stahl. Belsazar bot ihm Geld und Macht. Daniel erwiderte, er könne beides behalten. Dann erinnerte er Belsazar daran, wie Gott Belsazars Vater gestraft hatte, indem er eine Zeit lang verrückt wurde. Der Sohn hätte dieser Warnung Beachtung schenken sollen. Aber das hatte er nicht.

„Du, Belsazar, bist sein Sohn und Nachfolger. Du hast dies alles gewusst und warst dennoch nicht demütig vor Gott, sondern warst überheblich gegen den Herrn des Himmels … Deshalb hat er diese Hand gesandt und diese Schrift geschrieben.

Das ist die Schrift, die geschrieben wurde: Mene, Mene, Tekel, Parsin. Und diese Worte bedeuten Folgendes:

Mene heißt ‚gezählt' – Gott hat die Tage deiner Herrschaft gezählt und ihr ein Ende bereitet. Tekel heißt ‚gewogen' – du wurdest auf der Waage gewogen und für zu leicht befunden. Parsin heißt ‚geteilt' – dein Reich wird geteilt und den Medern und Persern gegeben werden."

... Noch in derselben Nacht wurde Belsazar, der babylonische König, getötet. Der Meder Darius übernahm die Herrschaft über das babylonische Reich, als er 62 Jahre alt war. (Daniel 5,22–28; 5,30–6,1)

Genau in dem Augenblick, als Daniel die Prophetie erläuterte, kroch die Armee der Meder und Perser durch die Wassertunnel, um die Stadt einzunehmen. Belsazar ahnte nichts von diesem Angriff. Die Eroberung erfolgte schnell und umfassend. Das mächtige Reich der Babylonier zerbrach, Belsazar wurde getötet, und zurück bleibt die ernüchternde Mahnung: Unser Gott ist ein gerechter Gott.

„Erkenne doch, wie Gott zugleich gütig und streng ist" (Römer 11,22). Gütig *und* streng. Wir können nicht das eine akzeptieren und das andere ignorieren. Gott ist gütig. Aber er ist auch streng.

Über diese Eigenschaft unseres himmlischen Vaters sprechen wir nur selten. Gottes Güte? Die wird oft erwähnt. Seine Vergebung? Sie ist ein gängiges Thema in unseren Sonntagspredigten. Lieder über seine Gnade? Gibt es mehr, als man zählen kann. Aber Lieder über seinen Zorn, die vom Tag der Vergeltung handeln? Nicht wirklich viele.

Die Bibel ist dagegen nicht gerade zurückhaltend, wenn es

um dieses Thema geht. Aus reiner Neugier habe ich einmal die Anzahl der Bibelstellen zu den beiden Themen verglichen. Gotts Zorn wird über 150-mal erwähnt; seine Gnade 32-mal.[3] Um eines klarzustellen: Es ist richtig und wichtig, die Botschaft zu verkünden, dass Gott gütig ist. Aber es wäre ein Fehler, aus dem Blick zu verlieren, dass Gott auch gerecht ist. Er begegnet denen mit Gnade, die ihm vertrauen, aber er straft auch diejenigen, die ihn verhöhnen oder nichts von ihm wissen wollen.

Es ist richtig und wichtig, die Botschaft zu verkünden, dass Gott gütig ist. Aber es wäre ein Fehler, aus dem Blick zu verlieren, dass Gott auch gerecht ist.

Für manche ist das eine Warnung: Glaub ja nicht, dass Gott bei Auflehnung und bösartigem Verhalten ein Auge zudrückt. Gott wird „alle Menschen nach ihrem Tun richten" (Römer 2,6). Der Ehebruch von heute ist die Scheidung von morgen. Die Schwäche von heute ist die Sucht von morgen. Die Unehrlichkeit von heute ist die Entlassung von morgen. Aber am wichtigsten ist: Wenn du Gott in diesem Leben den Rücken kehrst, wird er dir im nächsten Leben den Rücken kehren.

Für andere ist das vielleicht ein tröstlicher Gedanke. Die Hamans schleichen sich in unsere Welt, und dann wird unser Kalender wieder auf Januar gestellt, und eisige Winde wehen uns entgegen. Wir fragen uns: *Weiß Gott eigentlich, was dieser Haman gerade anstellt? Interessiert Gott überhaupt, dass ich leide? Wird dieser Haman jemals seine gerechte Strafe erhalten?*

Oder um es mit den Worten des Psalmisten zu sagen: „Wie

lange noch, Herr, willst du all dem untätig zusehen?“ (Psalm 35,17). Oder um die Frage Jeremias aufzugreifen: „Wie kann es sein, dass ungerechte Menschen in Ruhe und Frieden leben können?“ (Jeremia 12,1). Kommen Fieslinge ungeschoren davon? Dürfen Unterdrücker frei herumlaufen? Kommen die Hamans und die Hitlers, der Lynchmob und die Menschen, die ihr vermeintliches Recht in die eigene Hand nehmen, mit Mord davon?

Die Bibel beantwortet diese Fragen mit einem eindeutigen *Nein*! Denn Gott „hat einen Tag festgesetzt, an dem er die Welt gerecht richten wird“ (Apostelgeschichte 17,31). Der Angreifer, der dich missbraucht hat? Gott weiß davon. Der Regierungsbeamte, der Geld von armen Leuten veruntreut hat? Gott weiß davon. Der Fanatiker, der andere beschimpft; der Frauenfeind, der vergewaltigt; der Tyrann, der andere mobbt? Gott weiß davon.

Und was ist mit den Unschuldigen? Wie viele Millionen von Menschen haben ihr Leben in Armenhäusern und Arbeitslagern verbracht oder sind Opfer von Menschenhandel geworden? Gott kennt sie alle. „Gott ist ein gerechter Richter, der die Bösen täglich bestraft“ (Psalm 7,12).

Gottes gerechter Zorn brodelt und er ruft dir und mir zu: *Tut etwas! Mischt euch ein!* „Wer seine Ohren vor den Bitten der Armen verschließt, dem wird auch nicht geholfen werden, wenn er selbst in Not ist“ (Sprüche 21,13).

Wenn wir rufen: „Gott, tu doch etwas!“, antwortet er: „Habe ich doch. Ich habe dich erschaffen.“

Wenn wir rufen: „Gott, tu doch etwas!“, antwortet er: „Habe ich doch. Ich habe dich erschaffen.“

Der Prophet Jesaja lebte zu einer Zeit, in der Ungerechtigkeit und Unmoral allgegenwärtig waren. „Und Treue – die gibt es nicht mehr! Und wer mit all dem Unrecht nichts zu tun haben will, wird angegriffen und ausgeplündert. Der Herr hat gesehen, was sein Volk treibt, und die Rechtlosigkeit missfällt ihm. Er wundert sich, dass kein Mensch einschreitet und etwas dagegen unternimmt" (Jesaja 59,15–16; Hfa).

Es genügte nicht, dass wir, die wir zu Gott gehören, uns nach Gerechtigkeit sehnen. Gott forderte uns auf, selbst auch für Gerechtigkeit zu sorgen:

„Fasten, wie ich es liebe, sieht doch vielmehr so aus: Lasst die zu Unrecht Gefangenen frei und gebt die los, die ihr unterjocht habt. Lasst die Unterdrückten frei. Zerbrecht jedes Joch. Ich möchte, dass ihr euer Essen mit den Hungrigen teilt und heimatlose Menschen gastfreundlich aufnehmt. Wenn ihr einen Nackten seht, dann kleidet ihn ein. Verleugnet euer eigenes Fleisch und Blut nicht.

Wenn du so handelst, wird dein Licht aufleuchten wie die Morgenröte. Deine Heilung wird schnelle Fortschritte machen. Deine Gerechtigkeit geht dir dann voraus und die Herrlichkeit des Herrn folgt dir nach. Dann wirst du rufen und der Herr wird antworten. Du wirst um Hilfe schreien und er wird antworten: ‚Hier bin ich.'"
(Jesaja 58,6–9)

Gerechtigkeit geschieht in dem Maße, wie wir uns mit Gottes gerechtem Handeln eins machen. Wenn du das tust, wenn du einem behinderten Kind das Laufen oder Lesen beibringst, wenn du dich um alte Menschen kümmerst, deren Augenlicht oder Gedächtnis nachlässt, wenn du Unterstützung für Randgruppen oder Unterdrückte mobilisierst, erreichst du etwas, das bis in die zukünftige Welt Wellen schlagen wird. Es ist etwas Wunderbares, Kunstwerke, alte Autos oder heruntergekommene Häuser zu restaurieren. Aber es ist etwas Heiliges, menschliche Würde wiederherzustellen. Und genau das hat sich Charles Mulli zur Aufgabe gemacht.

Mulli war das älteste von zehn Kindern und wuchs in einem kleinen Dorf in Machakos County, Kenia, auf. Sein Vater war gewalttätig. Sie lebten in Armut. Als er sechs Jahre alt war, ließ seine Familie ihn im Stich. Sie gaben ihn einfach bei einer Tante ab. Er überlebte, indem er von Haus zu Haus und von Dorf zu Dorf ging und bettelte. Er war verbittert, weil ihn sein Vater misshandelt und verlassen hatte, und dachte darüber nach, sich das Leben zu nehmen. Seine Rettung kam in Form einer Einladung in eine Kirche. Mit 18 Jahren fand Mulli zu Jesus, und bei ihm fand er auch die Kraft, sein Schicksal in die eigene Hand zu nehmen.

Er ging 70 Kilometer zu Fuß nach Nairobi, um dort nach Arbeit zu suchen. Er wurde bei einem reichen Geschäftsmann angestellt, wo er Hausarbeiten übernahm. Dieser Neubeginn gab ihm Kraft und schließlich stieg Mulli bis zu einer Leitungsposition im Unternehmen des Mannes auf. Irgendwann eröffnete er sein eigenes Geschäft, *Mullyways*, das Personentransporte zwischen der Hauptstadt und umliegenden Dörfern anbot. Er hatte überall Erfolg und expandierte in den Öl-, Gas- und Immobiliensektor, bis er sich schließlich für seinen zukünftigen Ruhestand 20 Hektar Land in der Region Ndalani kaufte.

Eines Tages, er war gerade auf einer Geschäftsreise, nahm seine Geschichte eine Wendung. Eine Gruppe von Straßenkindern bot an, gegen Bezahlung auf sein Auto aufzupassen. Er lehnte ab, und als er zurückkam, war sein Auto weg. Als er mit dem Bus nach Hause fuhr, brodelte es in ihm – nicht, weil er auf die Diebe wütend war, sondern weil er von sich selbst enttäuscht war. Er hatte vergessen, wo er hergekommen war. Er hatte den Straßenkindern keine Beachtung geschenkt. Sie waren schließlich genau wie er früher.

Drei Jahre lang rang er mit sich. Im November 1989, im Alter von 40 Jahren, verkaufte er seine Unternehmen, um sich um Straßenkinder zu kümmern. Er war fest davon überzeugt, dass Gott zu ihm gesprochen hatte: „Du wirst niemals zulassen, dass meine Kinder leiden. Du musst sie retten und ein Vater für die Vaterlosen werden." Obwohl er schon acht biologische Kinder hatte, nahmen er und seine Frau noch drei Straßenkinder bei sich auf. Sechs Jahre später kümmerten sie sich bereits um 300. Während ich dieses Buch schreibe, erreicht er mit den sechs Niederlassungen seiner Organisation rund 3500 Kinder, und etwa 23 000 Kindern wurde bereits geholfen.

„Ich bin mit einem einzigen Ziel auf die Straße gegangen: um Kinder zu retten", erklärte Mulli. „Jedes Kind braucht Nahrung, Liebe, eine Bleibe, Bildung, Schutz, eine gute und strahlende Zukunft. Wer wird ihnen davon erzählen, dass Jesus sie liebt? Ich war einer von ihnen, einer dieser Verlorenen."[4]

Mulli wurde Teil der Lösung.

Wenn wir dies ebenfalls tun, wenn wir uns eins machen mit Gott und dem, was ihm wichtig ist, kann Gerechtigkeit geschehen, und Unterdrückung hat keine Chance.

Doch einmal wird der Tag kommen, an dem Gott alles wieder in Ordnung bringt. Die Herrlichkeit des neuen Königreiches wird von Wohlstand und Gerechtigkeit geprägt sein. In diesem nächsten Leben brauchen wir keine Rettungsmissionen, Wohlfahrtsprogramme, Obdachlosenheime oder Hilfsorganisationen mehr. Gott hat versprochen:

Es ist etwas Wunderbares,
Kunstwerke, alte Autos
oder heruntergekommene Häuser
zu restaurieren.
Aber es ist etwas Heiliges,
menschliche Würde
wiederherzustellen.

„Sie werden nicht mehr bauen und ein anderer wohnt darin. Sie werden nicht mehr pflanzen und ein anderer isst. Denn mein Volk wird so lange leben wie die Bäume, und meine Erwählten werden das genießen, was sie erarbeitet haben. Sie werden sich nicht vergeblich abmühen und keine Kinder gebären, die gleich danach sterben, denn es sind Kinder von Menschen, die der Herr gesegnet hat und deren Babys Anteil am Segen Gottes haben." (Jesaja 65,22–23)

Bis dahin wollen wir uns gemeinsam mit ihm darum bemühen, dass Gerechtigkeit geschieht. Hilfe ist schon unterwegs – und wir können unseren Beitrag dazu leisten. Tritt für die Unterdrückten ein. Setz dich für die Armen ein. Denk an die Not der Einsamen und Vergessenen, und wenn du das tust, darfst du sicher sein, dass Gott sich über dich freut.

Letzten Endes sollte jeder von uns versuchen, die Hamans dieser Welt durch Güte und Liebe zum Schweigen zu bringen. Wenn du dich für die Vergessenen einsetzt und dich für die Unterdrückten stark machst, dann hat die Gerechtigkeit eine Chance, und Satan wird wütend. Er kann dann noch nicht einmal mehr aus dem Fenster schauen, weil er nur noch ein zwei Fuß großer Winzling ist.

Kapitel 9

Der Gott der großartigen Wendungen

Dalia ist eine christliche Missionarin und erzählt den Muslimen in ihrem Heimatland von Gott. Sie lebt dort, wo Christen nicht gern gesehen sind. Deshalb will ich hier auch nicht ihren richtigen Namen verraten oder in welchem Land sie lebt. Und ihre Geschichte? Die ist es wert, gehört zu werden.

Sie sät Samen auf felsigem Grund. Nach jahrzehntelangem Dienst durfte sie nur wenige Male erleben, dass Menschen sich für ein Leben mit Jesus entschieden haben. Eine von diesen Menschen ist eine Frau, die Dalia vor zehn Jahren kennengelernt hat. Wir nennen sie an dieser Stelle einmal Ayesha. Damals waren beide unverheiratet. Dalia war Witwe, Ayesha nie verheiratet gewesen. Sie lernten sich im Nähunterricht kennen. In den darauffolgenden Monaten freundeten sich die beiden an und ganz im Geheimen freundete sich Ayesha auch mit Jesus an.

Sie lernte Gott immer besser kennen und ihre geistlichen Wurzeln wurden tiefer. Und dann verliebte sie sich. Ihr Verehrer war kein Christ, und er wusste auch nicht, dass sie Christin war. Sie hatte Angst, es ihm zu sagen. Ayesha erzählte Dalia, dass es in ihrem Land so wenige männliche Christen gab, dass sie wahrscheinlich niemals eine Familie gründen würde, wenn sie darauf wartete, einen zu finden. Entgegen Dalias Rat nahm Ayesha den Heiratsantrag des Mannes an.

Sie versprach, jeden Tag in der Bibel zu lesen. „Ich werde sie an einem Ort verstecken, wo er sie nicht findet“, versprach sie. Und genau das tat sie. Sie heiratete ihren muslimischen Ehemann und versteckte ihre Bibel.

Ein paar Monate nach der Hochzeit hatte Dalia einen Traum. Im Traum sagte Gott ihr, sie solle mit Ayeshas Mann über Jesus sprechen. Als sie erwachte, war sie schweißgebadet. Das konnte sie doch nicht tun! Zum einen ist es in dieser patriarchalischen Kultur undenkbar, dass eine Frau ein Gespräch mit einem Mann anfängt, vor allem nicht mit einem verheirateten. Zum anderen leben Christen in der muslimischen Welt mit der ständigen Angst vor Verfolgung. Wenn sie von ihrem Glauben erzählte, riskierte sie also ihr Leben.

Aber Gott hatte zu ihr gesprochen. Dalia erzählte Ayesha von ihrem Traum und genau wie Ester schmiedeten die beiden einen Plan.

Dalia lud das Ehepaar zum Abendessen ein. Während des Essens erkundigte sie sich bei den beiden, ob sie mit ihr einen Film schauen wollten, einen von Amerikanern gedrehten Film über Jesus. Sehr zur Erleichterung der beiden Frauen hielt der Mann das Ganze für eine harmlose Sache. Sie vereinbarten einen Termin, an dem sie den Film in seinem Haus schauen wollten. Tagelang beteten Dalia und Ayesha.

Als der Abend schließlich gekommen war, nahm Dalia allen Mut zusammen und begab sich zu ihrer Freundin. Sie aßen zunächst zusammen und schauten sich dann den Jesus-Film an. Dieser ist eines der wirksamsten Evangelisationswerkzeuge überhaupt und wurde bereits in mehr als 1600 Sprachen übersetzt, einschließlich des Dialekts, den Dalia und ihre Freunde sprachen.

Während des Films schielte Dalia immer wieder zu Ayeshas Mann hinüber und fragte sich, was er wohl dachte. Er zeigte keine Regung. Als der Film zu Ende war, saßen die drei schweigend da. Nach einer langen Pause erhob er sich schließlich und ging in das angrenzende Zimmer. Die beiden Frauen schauten sich ratlos an. Was sollten sie tun? War er wütend? Ging er etwa? Sie wussten es nicht. Irgendwann kam er zurück und hielt die Bibel in der Hand, die Ayesha vor ihm versteckt hatte.

„Ich weiß, dass du dieses Buch liest", begann er.

Die beiden schnappten nach Luft. Dann fügte er zu ihrer Überraschung hinzu: „Ich auch. Ich habe von diesem Jesus gelesen. Und ich möchte mehr über ihn erfahren."

Dalia standen die Tränen in den Augen. Ayesha war voller Hoffnung. Nach einiger Zeit setzte auch ihr Mann sein Vertrauen auf Jesus. Heute erziehen er und seine Frau ihre Kinder im christlichen Glauben.[1]

Von einem Augenblick auf den anderen nahm die Geschichte von Ayeshas Familie eine dramatische Wendung. Und uns erinnert sie wieder einmal daran, dass es keine Umstände gibt, die zu finster sind, keine Situation, die zu schwierig ist, kein Problem, das zu groß ist, als dass Gott nicht eingreifen, alles auf den Kopf stellen und den Lauf der Ereignisse ändern könnte. Ist das nicht auch die Verheißung, die wir Esters Geschichte entnehmen können?

Das 9. Kapitel dieses Buches beginnt mit den Worten:

Am 13. Tag des zwölften Monats, dem Monat Adar, war der Tag gekommen, an dem die beiden Erlasse des Königs in Kraft treten sollten. An diesem Tag hatten die Feinde des jüdischen Volkes Herr über die Juden werden wollen, **doch nun geschah genau das Gegenteil:** *Die Juden wurden ihrer Feinde Herr.* (Ester 9,1; Hervorhebung des Autors)

In anderen Übersetzungen heißt es:

„*... da wendete es sich so*" (Schlachter).
„*... aber nun geschah es umgekehrt*" (Gute Nachricht).
„*Aber nun geschah das Gegenteil*" (Hoffnung für alle).

Auch wenn die Übersetzungen diese Geschehnisse unterschiedlich in Worte fassen, beinhalten sie alle die gleiche Verheißung: Gott ist der Gott der überraschenden Wendungen.

In jeder guten Geschichte gibt es eine überraschende Wendung. In jedem guten Film gibt es den Augenblick, in dem der Zuschauer denkt: *Das hätte ich jetzt nicht gedacht.* Ein guter Autor beherrscht die Kunst, einen überzeugenden Spannungsbogen zu erschaffen. Es geschieht nicht das, von dem der Leser dachte, dass es passiert. Stattdessen geschieht etwas, womit der Leser nie gerechnet hätte.

Und was genau ist nun bei Ester geschehen? Gott hat ein hartes Herz erweicht.

Am gleichen Tag noch übereignete König Ahasveros den Besitz Hamans, des Feindes der Juden, Königin Ester. Außerdem wurde Mordechai zum König gebracht, denn Ester hatte dem König erzählt, in welcher Beziehung sie zu ihm stand. (Ester 8,1)

Mach dir bewusst, dass wir hier von Xerxes sprechen, dem König, der mit einer bloßen Handbewegung eine Königin loswerden konnte. Mit dem Siegelring an seinem Finger konnte er ein ganzes Volk zum Tode verurteilen. Zeigte er mit dem Daumen nach oben, blieben die Menschen am Leben. Und wenn er nach unten deutete? Niemand rechnete mit einer freundlichen Antwort. Aber es gab eben noch einen mächtigeren König und dieser war hier am Werk.

Der König zog seinen Siegelring ab – den er Haman wieder abgenommen hatte – und überreichte ihn Mordechai. Ester ernannte Mordechai zum Verwalter des Besitzes von Haman. (Vers 2)

Der Siegelring, der einst am Finger von Haman geglänzt hatte, glänzte nun an Mordechais Finger. Er war ein Geschenk des Königs. Doch das war noch nicht alles. Trotz all des Guten, was passiert war, stand doch noch ein grausiges Ereignis bevor.

Nun sprach Ester noch einmal beim König vor. Sie kniete zu seinen Füßen nieder und flehte ihn unter Tränen an, die von Haman, dem Agagiter, angezettelte Verschwörung gegen die Juden abzuwenden. (Vers 3)

Esters Volk war noch nicht über den Berg. Auf ihnen lag immer noch ein Todesurteil. Das Gesetz war unwiderruflich. Noch nicht einmal Xerxes konnte es ungeschehen machen. Heutzutage kann man ein Gesetz ändern, wenn es sich als unvorteilhaft erweist. Aber im alten Persien galt der König als Gottheit. Ein Erlass von ihm konnte nicht ungeschehen gemacht werden, selbst wenn er es wollte! (Ist seltsam, ich weiß.)

Vielleicht erlebst du gerade etwas Ähnliches? Vielleicht stehst du ja vor einer unüberwindbaren Mauer oder einer unmöglichen Herausforderung?

Dann wird dir gefallen, was als Nächstes passiert ist.

Xerxes ergänzte das Gesetz. Der König sagte zu Ester und Mordechai: „Nun schreibt in meinem Namen bezüglich der Juden ein Dekret, so wie ihr es wollt, und siegelt es mit meinem Ring. Bedenkt aber, dass ein Dekret, das im Namen des Königs geschrieben und mit dem Ring des Königs besiegelt wurde, nicht widerrufen werden kann" (Vers 8).

Das war der Ausweg. Der König konnte das erlassene Gesetz nicht widerrufen, also erließ er einfach noch ein zweites Gesetz. Das Gesetz der Meder und Perser konnte zwar nicht geändert werden, aber der König gab „den Juden in jeder einzelnen Stadt das Recht, sich zum Schutz ihres Lebens zusammenzutun" (Vers 11). Dieser Erlass wurde im dritten Monat ausgesandt (Vers 9), sodass den Juden noch neun Monate blieben, um sich vorzubereiten. Und genau an dem Tag, an dem die Juden eigentlich sterben sollten, versetzten sie dem antisemitischen Königreich einen schweren Schlag, indem sie in den Provinzen des Reiches 75 000 Männer töteten. Hamans Schrecken war gebannt, seine Familie vernichtet, und Mordechai war der neue Premierminister von Persien.

Wenige Seiten zuvor hatte Haman noch den mächtigsten Mann der Welt dazu überredet, die Jagd auf die Juden und ihren Besitz zu eröffnen. Am Ende von Kapitel 3 waren die Zukunftsaussichten der Juden entsprechend finster.

Haman war hartherzig und aufgeblasen gewesen.

Xerxes hatte den Bezug zur Realität verloren und war ahnungslos gewesen.

Alle Söhne und Töchter Abrahams trugen nun bildlich gesprochen eine Zielscheibe auf dem Rücken. Fanatismus, Hass, Fremdenfeindlichkeit, Geldgier – diese menschlichen Eigenschaften trugen den Sieg davon. Zumindest schien es so. Aber dann kam die *Peripetie*.

Wenn du ein anderes Wort für *Wendung* suchst, versuch es mal mit *Peripetie*. Dabei handelt es sich um einen literarischen Begriff, der eine plötzliche Wendung in der Handlung beschreibt. Es ist der Punkt im Roman, wegen dem man abends länger aufbleibt, weil man einfach nicht glauben kann, was da gerade passiert. Bei Ester hieß das:

Mordechai fand sein Rückgrat wieder und weigerte sich, sich zu verneigen.

Esters dreitägiges Fasten endete mit einer großen Portion Mut.

Ester erzählte dem König von Hamans Plänen. Haman verwandelte sich vom zweithöchsten Mann im Staat zum Kebab am Spieß. Mordechai trug jetzt königliche Kleider und nicht länger Sack und Asche. Und die Juden? Die ließen Ester 4,3 zugunsten von Ester 8,16 hinter sich.

In Ester 4,3 „herrschte große Trauer unter den Juden. Sie fasteten, weinten und klagten, und viele betteten sich auf Sack und Asche“.

Und in Ester 8,16 „[waren] die Juden … froh und glücklich und jubelten. Überall begegnete man ihnen mit Achtung“.

Hast du gerade das Gefühl, im 4. Kapitel von Esters Geschichte festzustecken? Ziehen sich Trauer, Fasten, Weinen und Klagen durch deinen Alltag? Kommt es dir so vor, als seist du noch meilenweit von der Wendung in deiner Geschichte entfernt?

Vielleicht hat eine Krankheit ihren Tribut gefordert. Sorgen haben dir die Freude geraubt. Vielleicht lebst du im Schatten eines „Haman". Du arbeitest unter einem egoistischen Widerling. Die von dir gewählten Politiker haben den Bezug zur Realität der Menschen verloren. Du bist mit einem Partner verheiratet, der nicht mehr derselbe Mensch ist, den du geheiratet hast. Deine Hautfarbe erschwert dir das Leben in deinem Umfeld.

Deine Kämpfe haben dich ausgelaugt, und du weißt nicht, wohin du dich jetzt noch wenden kannst. Du bist schon so oft enttäuscht worden. Und du bist unendlich müde.

Wenn es dir gerade so geht, dann tut mir das leid. Es tut mir wirklich leid. Ich weiß, es nervt. Aber ich will dir Mut machen – mit jedem bisschen Kraft, das ich noch habe: Gib dich nicht der Verzweiflung hin. Sonst wird sich die Anakonda der Hoffnungslosigkeit um dich wickeln und auch noch das letzte bisschen Leben aus dir herausquetschen. Du darfst nicht aufgeben. Du darfst einfach nicht. Es steht zu viel auf dem Spiel.

In der Bibel wirst du immer wieder eingeladen, daran zu glauben, dass es noch zu einer Peripetie kommen wird:

- Abraham und Sarah waren gerade noch alt und unfruchtbar, und dann bekamen sie plötzlich riesige Augen, weil sie schwanger war. Peripetie.
- Während Josef abends noch als Gefangener in einem ägyptischen Gefängnis schlafen ging, war er einen Tag später schon Premierminister von Ägypten. Peripetie.
- In einem Augenblick war das Rote Meer undurchdringlich und im nächsten Augenblick führte ein Weg hindurch. Peripetie.
- Josua marschierte siebenmal um Jericho. Nach dem sechsten Mal standen die Mauern noch. Nach dem siebten Mal waren sie bloß ein Haufen Schutt. Peripetie.

- Goliat verhöhnte die Truppen der Israeliten vierzig Tage lang. Aber dann packte David die Peripetie in seine Schleuder und zielte. Da fiel der Riese um.
- 450 Baals-Propheten verspotteten Jehova, aber dann betete Elia, und eine feurige Peripetie fiel vom Himmel.
- In einem Moment wollten die Löwen noch Daniel fressen, im nächsten konnten sie die Mäuler nicht mehr öffnen. Ihre mächtigen Kiefer waren durch eine göttliche Peripetie verschlossen.

Erkennst du das Schema, das sich durch all diese Erzählungen zieht? In Gottes Hand ist kein Manuskript vorhersehbar, kein Handlungsstrang vorprogrammiert, kein Ende festgelegt. Gott ist immer nur eine Seite von einer totalen Kehrtwende entfernt. Oder schau in den Stall von Bethlehem. Wer hätte das kommen sehen? Oder besser gesagt: Wer hätte *ihn* kommen sehen? Gott, der in einem Futtertrog schläft, noch vor wenigen Augenblicken in Marias Bauch. In einem Moment hielt er noch das gesamte Universum in seiner Hand, im nächsten Augenblick umklammerte er Marias kleinen Finger.

Er ist der Gott der großartigen Wendungen.

Und die größte Wendung ereignete sich auf einem Begräbnisplatz außerhalb von Jerusalem. Jesus, der Christus, war plötzlich Jesus, der Tote. Kein Puls mehr, kein Atemzug, keine Hoffnung. Er war fester eingewickelt als eine ägyptische Mumie und lag drei Tage lang tot in einem geliehenen Grab. Seine Feinde stießen mit Wein auf einen toten Messias an.

Und seine Jünger? Sie waren zwar nicht über alle persischen Provinzen verstreut, aber sie versteckten sich in den hintersten Winkeln Jerusalems, aus Angst, auch an einem Kreuz zu enden, auf dem ihr Name stand. Ihre Welt lag in Trümmern. Ihre Herzen waren zerbrochen.

Um Jesus nachzufolgen, hatten sie alles hinter sich gelassen. Die Fischer hatten ihre Netze an den Nagel gehängt, die Steuereintreiber ihren Job. Sie hatten alles zurückgelassen. Und jetzt sah es so aus, als hätte Jesus das Gleiche getan: Er hatte *sie* zurückgelassen. Wegen drei Nägeln und einem Kreuz war das Licht der Welt erloschen … so schien es zumindest. Der Retter der Welt konnte sich selbst nicht retten … so schien es zumindest. Die vom Himmel gesandte Hoffnung war nur eine Finte gewesen, der Erlöser ein Witz. Jesus, der Sohn Gottes, war vom Teufel besiegt worden, vom Haman der Hölle … so schien es zumindest.

Und gerade als „Freude" nur noch ein Fremdwort war, kam die Peripetie! Sein Herz fing wieder an zu schlagen. Seine Augen öffneten sich. Seine durchbohrten Hände regten sich und Jesus stand auf und zertrat Satans Schädel unter seinem Fuß.

Und als er das tat, wendete sich das Blatt … passierte genau das Gegenteil … gab es eine glückliche Wendung … wurde der Plan seiner Feinde zunichtegemacht … entwickelte sich alles genau entgegengesetzt.

Gleichgültig, welche Worte man wählt: Die Ankündigung vom Ostermorgen bleibt die gleiche: „[Christus] ist nicht hier! Er ist von den Toten auferstanden, wie er gesagt hat. Kommt und seht, wo sein Leichnam gelegen hat" (Matthäus 28,6). Der Gott der großartigen Wendungen vollbrachte sein größtes Werk.

Wer kann da behaupten, dass er nicht auch für deine Zukunft eine solche Wendung parat hat? Lass dich nicht vom Mittelteil der Geschichte aus dem Konzept bringen. Lass dich nicht vom Wohlstand der Bösewichte oder dem scheinbaren Erfolg

Gott ist immer
nur eine Seite von
einer totalen Kehrtwende
entfernt.

der Hamans dieser Welt aus dem Gleichgewicht bringen. Richte stattdessen deinen Blick auf denjenigen, der dich am Ende retten wird.

Kein Mensch, keine Einrichtung, keine Organisation, keine Gesellschaft und kein Land können sich dem Einfluss Gottes entziehen. Lass es mich noch einmal wiederholen: Niemand kann sich seinem souveränen Handeln entziehen. „Das Herz des Königs ist wie ein Bach, vom Herrn gelenkt; er lässt ihn fließen, wohin er will“ (Sprüche 21,1).

Um diese Wahrheit zu belegen, möchte ich gern jemanden in den Zeugenstand rufen: Vinh Chung. Seine dunklen Augen blitzen schalkhaft. Seine Wangenknochen heben sich, wenn er seinem Gegenüber eines der für ihn so typischen Lächeln schenkt. Seine beachtliche Statur war von Vorteil für ihn, als er auf der Highschool in Arkansas Football und in Australien Rugby spielte. Sein Lebenslauf beeindruckt selbst die eindrucksvollsten Persönlichkeiten. Er ist Dermatologe mit einem Harvard-Abschluss und hat zahlreiche Auszeichnungen erhalten. Aber seine Aussage ist nicht etwa deshalb wichtig, weil er heute dort steht, wo er steht, sondern weil er mit drei Jahren ein ganz anderes Leben geführt hat:

Als ich dreieinhalb Jahre alt war, war meine Familie gezwungen, Vietnam zu verlassen und an einen Ort zu flüchten, von dem wir noch nie zuvor etwas gehört hatten: einen Ort irgendwo in der Mitte der Vereinigten Staaten – Arkansas.

Ich bin ein Flüchtling.

Meine Familie schlief in einer Welt ein und wachte in einer völlig anderen wieder auf …

Als wir in diesem Land ankamen, hatten wir nur das, was wir am Leibe trugen, und konnten auch kein Wort Englisch. Inzwischen gibt es in meiner Familie 21 Universitätsabschlüsse, darunter fünf Master und fünf Doktortitel von Einrichtungen wie Harvard, Yale, Georgetown, Stanford, George Mason, Michigan und Arkansas.

Aber im Juli 1979 lag meine Familie halb verdurstet eingequetscht zwischen 93 anderen Flüchtlingen in einem Fischerboot, das im Südchinesischen Meer trieb.

Wie wir von dort hierhergekommen sind, ist eine aufregende Geschichte.[2]

Vinh Chung wurde 1975 in Vietnam geboren, acht Monate nachdem es in die Hände der Kommunisten gefallen war. Seine Familie war wohlhabend und besaß ein millionenschweres Reismühlen-Imperium. Aber schon wenige Monate nach der Machtübernahme verloren sie alles. Ihr Unternehmen wurde beschlagnahmt und sie wurden aus ihrem eigenen Haus vertrieben.

Da die Chungs wussten, dass ihre Kinder unter der neuen Regierung keine Zukunft haben würden, beschlossen sie, aus dem Land zu fliehen. 1979 schlossen sie sich den legendären Boatpeople an und segelten auf das Südchinesische Meer hinaus, wohl wissend, dass ungefähr 200 000 Vietnamesen bereits durch brutale Piraten und die raue See ums Leben gekommen waren.

Wer kann behaupten, dass Gott nicht auch für deine Zukunft eine solche Wendung parat hat?

Zusammen mit rund 300 anderen Flüchtlingen gingen sie an Bord eines baufälligen Bootes. Die Lebensbedingungen waren entsetzlich. Das Essen war rationiert. Es gab kaum Trinkwasser. Sie konnten nur wenig schlafen. Die meisten wurden seekrank. Plündernde thailändische Piraten überfielen ihr Boot und raubten ihnen auch ihre wenigen Habseligkeiten.

Schließlich erreichten die Chungs die Küste von Malaysia. Im Flüchtlingslager wurden sie abgewiesen. Malaysische Soldaten schlugen die Männer und ließen die Familie tagelang über heißen Sand marschieren. Chungs Mutter wäre beinahe an einer Fehlgeburt und dem damit einhergehenden hohen Blutverlust gestorben. Als sie auch von einem zweiten Flüchtlingslager abgewiesen wurden, luden die malaysischen Behörden die Flüchtlinge in Fischerboote, schleppten sie aufs offene Meer hinaus und schnitten die Leinen durch.

93 Menschen hockten dicht aneinandergedrängt in der prallen Sonne. Sie hatten lediglich einen Kanister Wasser. Nur die Kinder bekamen kleine Becher von der kostbaren Flüssigkeit. Das Boot hatte weder Motor noch Segel. Ruder hatten sie ebenfalls keine. Das unablässige Schaukeln machte alle seekrank. Die Hitze trocknete sie aus. Am Horizont war keine Hoffnung in Sicht.

Nach fünf Tagen auf See tat Mr Chung etwas, das seine Familie ihn noch nie hatte tun sehen: Er schaute in die durstigen und hungrigen Gesichter der Menschen, rappelte sich auf, kniete sich in die Mitte des Bootes und begann zu beten. „Ich weiß, dass es einen Schöpfer gibt. Ich weiß, dass du uns erschaffen hast und nicht willst, dass wir so sterben. Wenn du uns hörst, dann schick uns bitte Regen."

Nach wenigen Augenblicken verdunkelte sich der Himmel

und es begann zu regnen. Keine Blitze, kein Donner, Erleichterung pur, die den Menschen eine Atempause von der Hitze verschaffte. Aber die Familien trieben weiterhin hilflos dahin. Am sechsten Tag kehrten die Hitze und die Angst zurück.

Was sie nicht wissen konnten, war, dass Hilfe bereits unterwegs war.

Ich habe Stan Mooneyham nie kennengelernt. Aber sein Vermächtnis kenne ich gut. Er war von 1969 bis 1982 Vorsitzender von *World Vision. World Vision* ist eine der größten Hilfsorganisationen der Welt. Wenn man die Leute von damals über Stan reden hört, so musste er wohl eine wahre Naturgewalt gewesen sein. Wenn er von im Stich gelassenen oder missbrauchten Menschen hörte, wurde er aktiv. Deshalb machte er sich auch sofort an die Arbeit, als er von den Boatpeople erfuhr.

World Vision charterte ein Landungsboot aus dem Zweiten Weltkrieg, belud es mit Nahrungsmitteln, Wasser, Dieseltreibstoff und medizinischen Hilfsgütern und lief aus dem Hafen von Singapur aus. Als sie auf das Boot stießen, auf dem auch die Chungs waren, hatte die Operation „Seasweep" schon Hunderten von Flüchtlingen im Südchinesischen Meer das Leben gerettet.

Mooneyham zufolge hätte das Boot der Chungs höchstens noch einen Tag durchgehalten, bevor es auseinandergefallen wäre. Er holte die Flüchtlinge an Bord und fing an, sie zu behandeln. Auf der viertägigen Fahrt nach Singapur konnten sie sich ausruhen und erholen – und Geschichten aus der Bibel hören. Mr Chung war kein religiöser Mann – warum ging er also zu den Gottesdiensten? Er wollte wissen, warum diese Menschen sie gerettet hatten, während der Rest der Welt sie ignorierte.

Mooneyhams Antwort? Jesus. Mooneyham erzählte davon, dass Jesus die Ungeliebten liebt, er erzählte von seinem

Mitgefühl und seiner Güte. Vinh Chung schrieb später: „[Mein Vater] erkannte plötzlich, dass all die scheinbar zufälligen Ereignisse in seinem Leben einen Sinn hatten. … In diesem Augenblick hatte mein Vater das Gefühl, als würde seine ganze Vergangenheit ins Südchinesische Meer geworfen. Er war frei. Ihm war vergeben. Nun wusste er, dass jener Schöpfer einen Namen und ein Gesicht hatte, und mein Vater wusste, dass er jetzt ein anderer Mensch war."[3]

Man könnte noch viel mehr über die Odyssee dieser Familie erzählen. Aber vielleicht belegen schon diese wenigen Auszüge, warum ich glaube, dass der Gott von Ester und Mordechai auch heute noch handelt und für die Menschen eintritt. Er erhört auch heute noch die Gebete von Flüchtlingen, und er hilft auch heute noch diesen Menschen durch andere, die sich ihm zur Verfügung stellen.

Musst du selbst gerettet werden?

Bist du bereit, jemand anderen zu retten?

Was auch immer bei dir der Fall ist: Bete weiter. Vertraue weiter. Deine Geschichte ist noch nicht zu Ende. Vielleicht bist du ja nur einen Tag von einer solch glücklichen Wendung entfernt. Vielleicht ist heute die Nacht, in der „Xerxes" nicht schlafen kann und eine Kettenreaktion ausgelöst wird, die dein Leben für immer verändern wird. Es gibt solche Wendungen!

Aber du musst dranbleiben. Mordechai ist drangeblieben. Ester ist drangeblieben. Dalia und Ayesha sind drangeblieben. Die Chungs sind drangeblieben. Mooneyham ist drangeblieben. Alles hätte ganz anders enden können. Doch sie entschieden sich für den Weg des Glaubens. Und weil sie das taten, hat sich jede dieser Geschichten zum Guten gewendet.

Deine wird das auch tun. Ganz bestimmt.

Kapitel 10

Ein Purim-Volk

Mitten in der Stadt Enterprise im US-Bundesstaat Alabama gibt es einen riesigen Käfer. Er thront auf der Statue einer Frau in griechischen Gewändern. Ihre Arme sind aus weißem Marmor, und sie hat diese noch höher erhoben, als die Freiheitsstatue dies tut. Und im Gegensatz zu ihrem berühmten Pendant in New York hält die Gestalt in Alabama keine Fackel in der Hand. Sie hält einen Käfer. Genauer gesagt hält sie eine Schale in der Hand, in der ein Baumwollkapselkäfer sitzt. Das Insekt wiegt 50 Pfund und wird mit einer Gedenkplakette gewürdigt, auf der steht: „In tiefer Dankbarkeit an den Baumwollkapselkäfer und sein Wirken als Bote des Wohlstands."

Die Statue wurde 1919 errichtet, der Käfer kam 30 Jahre später hinzu. Wer kommt denn auf so eine Idee? Warum so ein Aufheben um einen hässlichen Käfer? Seit seiner Verbreitung Ende des 19. Jahrhunderts hat dieser Plagegeist die amerikanische Baumwollindustrie mehr als 23 Milliarden Dollar gekostet. Dieses Insekt macht mit Baumwollfeldern das, was Teenager mit einer Pizza machen: sie im Handumdrehen verputzen. In den 1920er-Jahren fraß sich der Baumwollkapselkäfer durch die Ernten in Alabama. Es gelang einfach nicht, ihn auszurotten.

Warum ihn also mit einer Statue würdigen? Teil der Antwort

ist ein Samenhändler namens H. M. Sessions. Er sah, was mit der Ernte passierte, und erkannte, dass er etwas unternehmen musste. 1916 fielen Sessions auf einer Reise durch Virginia und North Carolina Erdnussfelder auf. Seine Nachfrage ergab, dass die Erdnuss nicht anfällig ist für den Baumwollkapselkäfer (was naheliegt). Also brachte er Erdnusssamen mit nach Hause und verkaufte sie an C. W. Baston, der sie wiederum pflanzte und mit seiner neuen Saat 8000 Dollar verdiente. Er zahlte seine Schulden ab und hatte immer noch Geld übrig. Die Nachricht verbreitete sich schnell. Die Farmer sprangen auf diesen „Zug" auf und brachten ihre Einnahmen gleich zur Bank. 1919, als die Käferplage ihren Höhepunkt erreicht hatte, war Coffee County in Alabama der landesweit größte Lieferant von Erdnüssen.[1]

Sprechen wir einmal über deine „Käfer". Baumwolle fressende Schädlinge sind in Scharen über deine Welt hereingebrochen. Unliebsame Schädlinge, nicht wahr? Kleine Gauner, die dein Leben stark beeinträchtigen. Wie können sie es wagen, sich von deiner Ernte zu ernähren? Jetzt sind deine Vorratsscheunen leer und Fragen schießen dir durch den Kopf: *Was soll ich tun? Wer kann mir da noch helfen?*

Ich würde gern noch eine weitere Frage zu deiner Liste hinzufügen: Könnten die Käfer vielleicht auch ein Segen sein? Natürlich hat der Baumwollkapselkäfer viel Zerstörung angerichtet. Aber ohne den Käfer hätte es keine Erdnussernte gegeben. Oder in deinem Fall: Ohne Kampf hättest du jetzt kein Durchhaltevermögen. Ohne Berg gibt es keinen Berggipfel. Ohne Rückschlag gibt es keine zweite Chance und diese zweite Chance steht dir wirklich offen. Ja, ich habe gerade wirklich das gesagt, was du meinst, gelesen zu haben: Baumwollkapselkäfer können uns weiterbringen.

Das ist eine weitere Botschaft aus dem Buch Ester.

Das jüdische Volk, das einst glücklich in Israel lebte, wurde in andere Länder verstreut. Die Menschen hatten keinen Tempel, keine Heimat und keinen Anführer mehr. Wo war der neue Josua? Oder David oder Elia? Sie waren nicht länger da. Die Juden waren im Grunde ein Schwarm führungsloser kleiner Fische im riesigen Ozean des persischen Weltreiches.

Und Persien? Sein König war lausig, der Stabschef ein Schurke. Die beiden wichtigsten Juden – Mordechai und Ester – hatten beschlossen, ihre Herkunft geheim zu halten.

Es waren nicht gerade gute Zeiten für Gottes Bundesvolk. Überall waren Baumwollkapselkäfer.

Aber dann pflanzten Mordechai und Ester ein paar Erdnusssträucher. Er bezog Stellung. Sie ging ein Risiko ein. Haman starb an seinem eigenen Galgen. Die Juden griffen zu den Waffen und besiegten die Perser. Der Tag, der eigentlich ihre Niederlage einläuten sollte, wurde zum Tag ihres Sieges. „Doch als Ester sich an den König wandte, erließ er schriftlich ein entsprechendes Dekret, sodass Hamans böser Plan, den er gegen die Juden geschmiedet hatte, auf ihn selbst zurückfiel. Er und seine Söhne wurden an Galgen gehängt“ (Ester 9,25). Und „der Jude Mordechai wurde nach dem König der wichtigste Mann im Reich. Er war unter den Juden beliebt und hoch geachtet, denn er handelte stets zum Wohl seines Volkes und zum Wohl seiner Nachkommen“ (Ester 10,3).

An allen Ecken und Enden gab es Siegesfeiern. In der langen Geschichte des jüdischen Volkes wurde ein neues Kapitel aufgeschlagen. Ihnen wurde bewusst, dass sie auch im Exil zu ihrer Identität stehen und darauf vertrauen durften, dass Gott für sie eintrat. Es gab keinen Grund, ihre Herkunft zu verheimlichen.

Auch ein gläubiger Mensch kann ein einflussreicher Mensch sein. Mordechai, der Mann vor dem Tor, wurde zu Mordechai, dem Mann am Königshof. Ester, die verschwiegene Königin, wurde zu Ester, der jüdischen Heldin. Das gesamte Volk erlebte eine „Neugründung des jüdischen Volkes auf einer völlig anderen Basis".[2] Es war in gewissem Sinne eine Erweckung, eine Erneuerung.

Um sicherzugehen, dass sich die Juden an diesen Tag erinnern würden, ordneten Mordechai und Ester eine alljährliche Gedächtnisfeier an.

Mordechai schrieb diese Ereignisse auf und schickte allen Juden nah und fern, in allen Provinzen des Königs Ahasveros, Briefe, in denen er sie dazu verpflichtete, jedes Jahr an diesen beiden Tagen ein Fest zu feiern. Er ordnete an, die beiden Tage mit einem Freudenfest zu begehen und sich bei dieser Gelegenheit zu beschenken und auch den Armen Geschenke zu machen. (Ester 9,20–22)

Das Buch Ester endet nicht mit einem Sieg auf dem Schlachtfeld. Es endet mit dem Aufruf, sich zu erinnern. Genau wie viele Christinnen und Christen an Weihnachten die Geschichte von der Geburt Jesu lesen, lesen die Juden am Purimfest die Geschichte von Ester. Der Feiertag soll am Tag nach der geplanten Hinrichtung der Juden begangen werden, als Erinnerung daran, dass jener Tag kam und ging, aber die Juden immer noch da waren.

Das Purimfest ist eine ungestüme, fröhliche Feierlichkeit, so ähnlich wie eine Faschingsparty. Es gibt jede Menge zu essen und zu trinken und Kostüme. Wenn die Geschichte vorgelesen wird, dürfen die Zuhörer dabei mitmachen: Wenn Hamans

Name fällt, buhen ihn alle aus oder machen eine Menge Lärm. Das tun sie, um jeglichen Gedanken an seinen Namen zu vertreiben.

„In einem sehr umstrittenen Abschnitt des Talmuds werden die Juden angeleitet, [am Purimfest] so lange Wein zu trinken, bis sie den Unterschied zwischen ‚verflucht sei Haman' und ‚gesegnet sei Mordechai' nicht mehr erkennen."[3] Diesen Brauch würde ich allerdings nicht für die Gemeinde empfehlen.

Eine nützlichere Tradition ist das Backen von Hamantaschen – dreieckige Teigtaschen mit Füllung. Die darin verborgene Marmelade erinnert daran, dass Gott im Verborgenen ist, dass er in der Geschichte von Ester im Verborgenen seine Wunder vollbringt.[4]

Ich mag diese Tradition. Marmelade ist süß und lecker, und wenn sie in einer Teigtasche versteckt ist, ist sie auch eine wunderbare Überraschung. Mir gefällt der Gedanke, dass Gottes Gegenwart lecker und unsichtbar in die Geschichte der Erlösung „hineingebacken" ist. Ich schätze diese zweitägige Feier sehr, bei der sich Gläubige an den Tag und die Art und Weise erinnern, wie ihr Gott die Oberhand gewann.

Wir neigen so manches Mal dazu, das aus dem Blick zu verlieren.

Wir neigen dazu zu vergessen, dass Gott auf unserer Seite ist und nicht gegen uns; dass Gott uns nah ist und nicht weit entfernt; dass Gott handelt und nicht schläft. Wir neigen dazu zu vergessen, dass Gott Asche in Schönheit, Trauer in Freude, ein Tal voller toter Knochen in eine Armee und Weinen in Jubel verwandeln kann. Wir brauchen solche Gedenkfeiern, um unserem Gedächtnis von Zeit zu Zeit auf die Sprünge zu helfen.

Zu einer der ergreifendsten Purimfeiern gehörten weder Wein noch Teigtaschen. Beides gab es damals nämlich nicht. Die Gäste der Feier waren schon halb tot. Die Festgemeinschaft bestand aus 80 Männern, die gedrängt in einer halb zerfallenen Baracke hausen mussten. Ihre Körper waren von Typhus und Ruhr geschwächt. Ihre Kleidung hing in Fetzen an ihren ausgemergelten Körpern. Sie lebten von einer täglichen Ration aus Brot und dünner Suppe. Sie hatten keine Hoffnung mehr, keinen Ausweg. Sie waren Gefangene in Auschwitz.

J. J. Cohen war einer von ihnen. Er war ein Teenager, der in einem polnischen Ghetto gelebt hatte, bis man ihn in ein Vernichtungslager deportiert hatte. Er überlebte den Holocaust und erinnerte sich später an den Tag, an dem die Gefangenen das Purimfest gefeiert hatten. Sie nahmen ein Stück einer Kartoffel und ein kleines Stück Brot und reichten beides herum, um der Tradition nachzukommen, einander Lebensmittel zu schenken. Und der junge Cohen erzählte die Geschichte von Ester.

„Als ich laut die Stelle über Hamans Untergang vorlas … entzündete der kleine Funke Hoffnung, der tief im Herzen jedes Juden glomm, eine hell brennende Fackel. … Als ich geendet hatte, jubelten alle. Einen Augenblick lang vergaßen wir die grausame Realität des Vernichtungslagers und all der Hunger und das Leid traten in den Hintergrund. Weil ich meine ganze Kraft aufgebraucht hatte, um die [Geschichte] vorzulesen, setzte ich mich atemlos hin, aber mein Geist erhob sich. … Und wie ein Fluss, der über die Ufer tritt, brachen sich die festliche Atmosphäre und die Vision der Erlösung in den zerbrochenen Herzen der Gefangenen Bahn.“[5]

Ich versuche, mir diese Männer vorzustellen, diese ausgemergelten Körper. Ich neige mein Ohr, um ihren Jubel zu hören, der so dünn und doch triumphal klingt. Und ich frage mich: *Was für eine Geschichte kann das bewirken? Welche Erzählung hat so viel Kraft, dass sie Menschen, die am Rande des Todes stehen, neues Leben einhaucht?*

Brauchen wir heute nicht auch so eine Geschichte?

Wir haben eine!

Satans Plan, den Sohn Gottes umzubringen, wurde an eben jenem Kreuz zunichtegemacht, an dem dieser gestorben ist. Meinst du nicht auch, dass der Teufel am liebsten vor Wut geplatzt wäre, als ihm aufging, dass das Kreuz – sein Werkzeug des Todes – zur Quelle des Lebens geworden war? Wenn Satan gewusst hätte, dass der Tod des Messias Tod für ihn und Leben für uns bedeutete, hätte er versucht, die Kreuzigung zu verhindern.

Aber er ahnte es eben nicht.

Und damit wir diesen Augenblick niemals vergessen, hat Jesus uns unser eigenes Purimfest gegeben. Am Abend vor seiner Kreuzigung …

… nahm er ein Brot, und nachdem er Gott dafür gedankt hatte, brach er es in Stücke und reichte es den Jüngern mit den Worten: „Dies ist mein Leib, der für euch gegeben wird. Tut das zur Erinnerung an mich.“ Nach dem Essen nahm er einen weiteren Becher mit Wein und sagte: „Dieser Wein ist das Zeichen des neuen Bundes – ein Bund, der mit dem Blut besiegelt wird, das ich für euch vergießen werde.“ (Lukas 22,19–20)

Für Christen sind diese Worte kostbar. Aber für die Apostel muss das seltsam geklungen haben. Ein Leib, der zerbrochen wird? Blut, das vergossen wird? Kann daraus etwas Gutes entstehen?

Und was ist mit dir? Deiner zerbrochenen Welt? Deinem wankelmütigen Glauben? Deinen kleinen Träumen? Kann daraus etwas Gutes hervorgehen?

Ester sagt: „Ja."

Ostern sagt: „Ja."

Das Purimfest sagt: „Ja."

Das Abendmahl sagt: „Ja."

Das ist Gottes Verheißung.

Wir müssen dafür nur eines tun: sie für uns in Anspruch nehmen. Nimm den Kelch an. Nimm das Brot an. Nimm das Gebäck mit der verborgenen Süße im Inneren an.

Lass dich von schlechten Nachrichten nicht aus dem Konzept bringen. Schenke den Stimmen, die nur Panik und Chaos verbreiten, kein Gehör. Fall nicht darauf herein. Du hast einen guten Gott, der gute Absichten für dich hat, und diese Absichten offenbart er uns in seinem Buch. Auch wenn wir heute noch verwirrt sind und mitten in der Krise stecken, werden wir diese schon morgen erfolgreich bewältigen.

Auch wenn wir heute noch verwirrt sind und mitten in der Krise stecken, werden wir diese schon morgen erfolgreich bewältigen.

Meine Freundin Linda nahm Gottes Einladung an. Ein ungeheurer Wirbelsturm an Problemen war über ihr Leben hereingebrochen. Sie wuchs im Westen von Pennsylvania in einer

Familie auf, in der „Liebe" ein Fremdwort war. Ihre Mutter schickte sie jeden Morgen mit einer rohen Kartoffel, einer Schachtel Streichhölzer und der Mahnung, „Komm zurück, wenn es dunkel wird", aus dem Haus. Linda und ihre ältere Schwester Nancy spielten den ganzen Tag unbeaufsichtigt im nahe gelegenen Wald, machten Feuer, um sich zum Mittagessen ihre Kartoffeln zu braten, schwammen im Bach und schlenderten nach Hause zurück, wenn die Sonne unterging. Eines Abends landete sogar Lindas geliebter Hase in der Pfanne. Linda kann sich nicht daran erinnern, von ihrem Vater jemals liebevolle Worte oder auch nur ihren Namen gehört zu haben.

Sie schaffte den Schulabschluss und auch das College und heiratete einen Mann, der sich in die Mission nach Mexiko berufen fühlte. Die beiden zogen in ein abgelegenes Gebiet, wo die Lebensbedingungen nicht nur einfach, sondern desolat waren. Das Leben als Missionarin konnte sie ertragen, das Leben mit ihrem Mann nicht. Er war ein von Wut erfüllter Mensch und misshandelte sie und die vier Kinder. Linda fürchtete um ihrer aller Leben. 1981 gelang es ihr schließlich, zu entkommen und in einen Bus nach Arlington in Texas zu steigen – mit einem einzigen Koffer, ohne Geld und nur mit der Telefonnummer einer Freundin in der Tasche.

Sie fand eine Stelle, die ihr aber nicht mehr als nur den Mindestlohn einbrachte, und mietete eine winzige Wohnung. Während der ersten drei Jahre schlief sie auf dem Boden. Die Kinder teilten sich Matratzen, die sie auf dem Flohmarkt erstanden hatte. Um Geld zu sparen, verzichtete sie auf ihre Mittagspause. Da sie arbeitete, während die anderen aßen, war sie produktiver als ihre Kollegen. Dies fiel auch ihrem Vorgesetzten auf, der ihr daraufhin mehr Überstunden bewilligte und mehr Verantwortung übertrug.

Schritt für Schritt ließ sie mit ihrer Familie die Armut hinter sich. Ihre Vorgesetzten beförderten sie und versetzten sie schließlich nach Houston. Dort kam sie mit *Junior Achievement* in Kontakt. Diese Organisation hilft Kindern, durch Bildung und harte Arbeit aus dem Teufelskreis der Armut auszubrechen. Genau das hatte auch Linda erlebt! Die Organisation stellte sie ein, Linda blühte auf und wurde schließlich zur Leiterin für die Gebiete Pazifik, Nord- und Südamerika ernannt. Sie war für 55 Länder auf fünf Kontinenten verantwortlich! *Junior Achievement* schätzt, dass ihre Arbeit Jahr für Jahr positive Auswirkungen auf drei Millionen Menschenleben hat und dass dadurch insgesamt 32 Millionen Menschenleben verändert wurden.

Aber damit hatte Linda noch nicht alle Herausforderungen bewältigt – bei ihr wurde ALS diagnostiziert. Ich musste zusehen, wie diese Krankheit meinem Vater das Leben raubte. Nun fordert sie ihren Tribut von Lindas Körper. Aber eines nimmt sie ihr nicht: ihre Freude. Sie lächelt immer noch häufig, aber noch häufiger dankt sie Gott für ihr Leben.

„Wie machst du das nur?", fragte ich sie. „Wie kannst du dich diesen Problemen stellen, ohne verbittert zu sein?"

Darauf gab sie mir eine einfache Antwort: „Wenn du auf dich allein gestellt bist, kannst du nur noch in eine Richtung schauen – nach oben. Die Menschen haben mich im Stich gelassen, aber Gott hat das nie getan."[6]

Kannst du etwas von ihrer Entschlossenheit gebrauchen? Wahrscheinlich geht es uns allen so.

Ich möchte dich einladen, Gott beim Wort zu nehmen. Nein, ich fordere dich sogar dazu heraus. Betrachte diese winterliche

Versuche nicht,
deine Kämpfe allein auszufechten,
sondern wende dich an Gott.
Er wird das tun,
was er schon so oft getan hat
und was er so gut kann
wie kein anderer:
eine Geschichte neu schreiben
und ihr neues Leben einhauchen.

Lebensphase aus einer anderen Perspektive. Versuche nicht, deine Kämpfe allein auszufechten, sondern wende dich an Gott. Er wird das tun, was er schon so oft getan hat und was er so gut kann wie kein anderer: eine Geschichte neu schreiben und ihr neues Leben einhauchen.

Baumwollkapselkäfer haben gegen unseren himmlischen Vater keine Chance!

Kapitel 11

Das ist dein Moment

Als ich zwölf war, nahm ich einen Ferienjob an: Ich betreute die Häuser von Nachbarn, die im Urlaub waren. Es war allerdings ihre Idee, nicht meine. Drei Familien, die direkt nebeneinander wohnten, hatten vor, einen Monat zu verreisen. Deshalb brauchten sie jemanden, der in ihrer Abwesenheit den Rasen mähte, ihre Haustiere fütterte und den Garten goss. Kurz gesagt wollten sie, dass sich jemand um ihre Grundstücke kümmerte. Daher boten sie mir diesen Job an. Genauer gesagt baten sie meinen Vater, mich zu bitten, die Aufgabe zu übernehmen. Und er fragte mich nicht. Er befahl es mir. Ich wollte es gar nicht tun. Schließlich musste ich Softball spielen, Fahrrad fahren und, äh … das waren die einzigen beiden Argumente, die mir einfielen, warum ich die Aufgabe einfach nicht übernehmen konnte. Doch damit kam ich bei meinem Vater nicht weit.

Ehe ich mich versah, setzte sich jede der Familien mit mir zusammen, und wir erstellten gemeinsam eine Liste aller Aufgaben, die zu erledigen waren. Ich erinnere mich noch daran, dass ich nach einem dieser Treffen nach Hause ging und etwas empfand, das ich noch nie zuvor empfunden hatte: Ich fühlte mich schier erdrückt. Vielleicht verdrehst du jetzt die Augen, weil diese Last im Vergleich zu deiner nicht der Rede wert ist.

Aber ich war damals schließlich erst zwölf Jahre alt. Einen ganzen Monat lang dafür zu sorgen, dass bei drei Häusern der Rasen gemäht, die Haustiere gefüttert und alle Türen verschlossen waren? Eine Familie hatte zum Beispiel einen Goldfisch – ich hatte mich noch nie um einen Goldfisch kümmern müssen. Ich konnte vor meinem inneren Auge schon sehen, dass ich den kleinen Kerl irgendwann mit dem Bauch nach oben im Wasser treibend vorfinden würde, weil ich ihm zu viel oder zu wenig Futter gegeben hatte.

Aber jetzt gab es kein Zurück mehr.

Am ersten Tag meiner unfreiwilligen beruflichen Karriere beeilte ich mich, nach dem Baseballtraining nach Hause zu kommen, sprang auf mein Fahrrad und strampelte wie verrückt zu den Häusern. Drei Rasen mussten gemäht werden. Drei Häuser mussten gepflegt werden. Dreimal musste ich die Türen kontrollieren. Drei Familien hatten Haustiere, die gefüttert werden mussten. Drei Gärten mussten gegossen werden. Das war einfach mehr, als ein einzelner Mensch schaffen konnte.

Gerade als ich kurz davorstand, zum ersten Mal die Bekanntschaft einer Panikattacke zu machen, entdeckte ich ihn. Er stand vor dem mittleren der drei Häuser. Weiß, riesig und direkt vom Ölfeld. Der Pick-up meines Vaters. Er war schon da. Das Garagentor stand offen und der Rasenmäher in der Einfahrt.

„Du fängst mit dem Rasenmähen an“, sagte er, „und ich gieße die Pflanzen.“

Diese Worte veränderten alles. Die dunklen Wolken verzogen sich. Ich konnte mich der Aufgabe stellen, weil mein Vater sich ihr gemeinsam mit mir stellte.

Und das Gleiche will dein himmlischer Vater auch für dich tun.

Schwierige Lebensphasen können trügerisch sein, weil wir dann schnell zu Verzweiflung und Enttäuschung neigen. Wir wenden uns von anderen ab, wollen nichts mehr von Gott wissen und werden ängstlich und zynisch. Verzweiflung kann gefährlich sein. Aber sie kann auch eine Chance zum Wachstum sein, eine Phase, in der wir lernen, Gott zu vertrauen, uns an sein Wort zu klammern und auf ihn zu verlassen.

Die Entscheidung liegt ganz bei uns. Ich glaube, Gott hat uns diese spannende Geschichte von Ester geschenkt, um uns zu helfen, den richtigen Weg einzuschlagen. Deshalb will ich, bevor ich den Sack endgültig zubinde, noch einmal zum Dreh- und Angelpunkt dieses biblischen Buches zurückkehren. Mordechai hat die Verkleidung eines perfekten Persers abgelegt. Aus Angst davor, dass sein Volk einen schrecklichen Tod erleiden muss, begegnet er uns plötzlich als die Qual in Person. Er geht in Sack und Asche. Er fleht Ester an einzugreifen.

Sie sträubt sich dagegen. Soll sie es wagen, ihr Leben zu riskieren, und sich mit ihrer Bitte an diesen launischen Xerxes wenden? Mordechai antwortet erstaunlich nüchtern.

„Wenn du in dieser Lage wirklich schweigst, wird den Juden von anderer Seite Befreiung und Rettung zuteilwerden; du und deine Verwandten aber werden umkommen. Und wer weiß, ob du nicht für eine Situation wie diese zur Königin wurdest?“ (Ester 4,14)

Mordechai redet nicht um den heißen Brei herum. Er meint es todernst und lässt Ester gleich eine doppelte Botschaft zukommen: Er ruft sie zum Glauben und zum Handeln auf.

Der Aufruf zum Glauben: *Rettung wird kommen!* Wusste

Mordechai, *wie* diese Rettung aussehen würde? Konnte er schon einen Ablaufplan für die Befreiungsaktion liefern? Nein, wir finden keinen Hinweis darauf, dass er dazu in der Lage war. Ich kann nur vermuten, dass er sich auf Gottes Wort berief. Er erinnerte sich daran, dass Gott versprochen hatte, das jüdische Volk zu retten.

Gott wollte …

… ihr Gott sein und sie sollten sein Volk sein (Jeremia 32,36–38).
… sie von überall her sammeln (Hesekiel 37,21–28).
… ihnen einen König schicken und durch sie einen König in diese Welt senden, durch den er ein ewiges Reich errichten will (2. Samuel 7,16; Matthäus 1,21).

Er erinnerte sich an die Bündnisse, die Gott mit dem Volk der Juden geschlossen hatte. Verzweiflung? Ja. Krise? Zweifellos. Aber mächtiger als all das war das Wesen eines Gottes, der an seinem Bund festhalten würde.

Hilfe wird kommen! Das war Mordechais Botschaft an Ester. Und das ist auch Gottes Botschaft an dich. Du hast das Gefühl, dass dir deine Probleme über den Kopf wachsen? Dann bitte Gott, dir die Kraft zu schenken, dich ihnen zu stellen. Starre nicht länger auf die Probleme, sondern verlass dich auf die Kraft deines allmächtigen Gottes.

Erinnerst du dich noch an die Frage, die er Abraham und Sarah gestellt hat? Er hatte ihnen einen Sohn versprochen, obwohl beide das zeugungsfähige Alter schon längst hinter sich gelassen hatten. Sarah brach in Gelächter aus, als sie sich vorstellte, ein Neugeborenes auf den Knien zu wiegen.

Da sagte der Herr zu Abraham: „Warum hat Sara gelacht und gedacht: ‚Sollte ich wirklich noch ein Kind bekommen, obwohl ich schon so alt bin?' Sollte dem Herrn etwas unmöglich sein?" (1. Mose 18,13–14)

Das ist die Frage, mit der auch wir uns beschäftigen sollten. Sollte Gott irgendetwas unmöglich sein? Gibt er jemals auf, weil ein Problem zu groß ist? Ringt er jemals hilflos die Hände und streicht die Segel? Schüttelt er jemals den Kopf, wenn er ein Gebet hört, und sagt: „Mit diesem Problem werde ich nie fertig"?

Die erfreuliche Antwort lautet: „Nein, für Gott ist nichts unmöglich."

Und genau an diesem Punkt solltest auch du anfangen. Schau nicht länger darauf, wie hoch dein „Berg" ist. Denk an die Kraft dessen, der ihn erschaffen hat. Erzähl Gott nicht, wie gewaltig der Sturm ist. Erzähl dem Sturm lieber, wie gewaltig dein Gott ist. Dein Problem besteht nicht darin, dass deine Herausforderung zu groß ist, sondern dass dein Bild von Gott zu klein ist.

Nimm die Einladung des Psalmisten an: „Kommt, lobt mit mir die Größe des Herrn, lasst uns gemeinsam seinen Namen ehren!" (Psalm 34,4). Wir neigen dazu, unsere Probleme für unüberwindbar zu halten. Wir schauen mit der Lupe auf die Diagnose, die Krankheit oder die Schulden.

Hör auf damit! Denk weniger über das Chaos nach und mehr über deinen Herrn, weniger über die Probleme und mehr über seine Kraft.

**Dein Problem besteht nicht darin,
dass deine Herausforderung zu groß ist,
sondern dass dein Bild von Gott zu klein ist.**

Manchmal frage ich mich, ob die Kirche vergessen hat, wie unermesslich groß und mächtig Gott ist. Wenn du sonntagmorgens in eine Gemeinde gehst, wirst du dort höchstwahrscheinlich eine Gruppe von Menschen vorfinden, die auf bequemen Stühlen sitzen, die eine bequeme Predigt über einen Gott hören, der es uns bequem macht.

Kennen wir denjenigen überhaupt, wegen dem wir uns versammeln? Begreifen wir, dass die Dämonen seinen Namen fürchten und vor ihm fliehen? Oder dass die Engel seit Anbeginn der Schöpfung „Heilig, heilig, heilig" singen und dieses Lied immer noch nicht oft genug gesungen haben? Dass ein kurzer Blick auf Gottes Herrlichkeit den Propheten Jesaja veranlasste, um Gnade zu flehen, und den Patriarchen Mose, sich hinter einem Felsen zu verstecken? Begreifen wir überhaupt, wie erhaben er ist? Wie herrlich, wie mächtig? Ich glaube, wenn wir es wirklich begreifen würden, würden wir wahrscheinlich nur in Schutzkleidung in die Kirche gehen.

Ist uns die Ehrfurcht vor Gott abhandengekommen? Falls ja: Wozu führt das?

Ich denke Folgendes: Wenn wir von einem schwachen Gott ausgehen, führt das dazu, dass auch wir uns schwach fühlen. Aber ein starker Gott sorgt dafür, dass wir, die zu ihm gehören, uns auch stark fühlen.

Denk weniger über das Chaos nach
und mehr über deinen Herrn,
weniger über die Probleme
und mehr über seine Kraft.

Also: Mach dir bewusst, wie groß und mächtig er ist!

„‚Mit wem also wollt ihr mich vergleichen? Wer ist mir gleich?', fragt der Heilige" (Jesaja 40,25).

Oder wie Mose verkündete: „Wer unter den Göttern ist wie du, o Herr? Wer ist so herrlich und heilig wie du?" (2. Mose 15,11).

Und der Psalmist fragte: „Denn wer im ganzen Himmel kommt dem Herrn gleich? Welcher noch so mächtige Engel ist wie er?" (Psalm 89,7).

Augustinus betete:

Was bist du, mein Gott? Was, so frage ich, außer Gott, der Herr. Denn wer ist der Herr außer Gott? Oder wer ist Gott außer unserem Gott? – Der Höchste, der Beste, der Mächtigste, der Allmächtigste, der Gnädigste und der Gerechteste, der Geheimnisvollste und der Gegenwärtigste; der Schönste und der Stärkste; der Beständigste und der Unbegreiflichste; unveränderlich (und doch) veränderst du alles; niemals neu, niemals alt; du machst alles neu und lässt den Stolzen altern (und zusammenbrechen); du handelst immer und ruhst immer; du sammelst, aber brauchst nichts; du trägst und erfüllst und schützt (alle Dinge); du erschaffst und pflegst und machst vollkommen; du suchst, obwohl dir nichts fehlt.[1]

Denke darüber nach, was er alles erschaffen hat:

„*Frag die Tiere, sie werden dich lehren. Frag die Vögel am Himmel, sie verraten es dir. Richte deine Gedanken auf die Erde, sie wird dich unterweisen. Auch die Fische im Meer werden es dir erzählen. Sie alle wissen, dass der Herr sie geschaffen hat. Denn das Leben eines jeden Geschöpfes und der Atem jedes Menschen liegt in seiner Hand.*" (Hiob 12,7–10)

Wenn du also das nächste Mal das Gefühl hast, dass die Last der ganzen Welt auf deinen Schultern liegt, dann sprich mit dem, der die Welt erschaffen hat. Je größer dein Bild von Gott wird, umso kleiner werden deine Probleme. Wenn Gott das Herz des Herrschers von Persien verändern kann, wenn er den sicheren Tod in einen Sieg verwandeln kann, wenn er aus einem geplanten Holocaust einen Nationalfeiertag machen kann, meinst du nicht, dass er sich dann auch um dich kümmern kann?

Wenn du das nächste Mal das Gefühl hast, dass die Last der ganzen Welt auf deinen Schultern liegt, dann sprich mit dem, der die Welt erschaffen hat.

Es tut mir wirklich leid, dass du gerade im persischen Exil bist. Es tut mir leid, dass du müde und verletzt bist. Es tut mir so leid, dass du nur allzu vertraut bist mit der Bedeutung von Schmerz, Angst und Traurigkeit.

Ich weiß, es kommt dir so vor, als sei der Frühling noch weit entfernt. Aber das ist er nicht. Die Geschichte von Ester fordert dich heraus, daran zu glauben, dass Gott auch dann am Werk ist, wenn man nichts davon sieht. Er heilt, was zerbrochen ist, und schenkt neues Leben, wo etwas gestorben ist. Der Apostel Paulus fasste die Botschaft der Geschichte von Ester mit folgenden Worten zusammen: „Wir wissen aber, dass Gott bei denen, die ihn lieben, alles zum Guten mitwirken lässt, also bei denen, die er nach seinem freien Entschluss berufen hat“ (Römer 8,28; NeÜ).

„Wir wissen“, sagt Paulus. Doch so vieles in unserem Leben

wissen wir nicht. Wir wissen nicht, ob es mit der Wirtschaft bergab geht oder ob unsere Lieblingsmannschaft gewinnen wird. Wir wissen nicht immer, was unsere Kinder denken oder was unser Ehepartner macht. Aber Paulus zufolge können wir uns bei vier Dingen todsicher sein.

Wir wissen, dass *Gott wirkt*. Auch wenn wir mitten im Schlachtengetümmel stecken oder wütend sind, ist Gott hinter den Kulissen sehr aktiv. Er hat sich weder zurückgezogen noch zur Ruhe gesetzt. Er ist unablässig und unermüdlich am Werk.

Er hört nie auf, *für uns alles zum Guten* zu wirken. Nicht zu unserer Bequemlichkeit, unserem Vergnügen oder unserer Unterhaltung, sondern zum Guten. Können wir irgendetwas anderes erwarten, wo er selbst doch das Gute in Person ist?

Und dazu benutzt er *alles*. Das griechische Wort, das hier im Original verwendet wird, ist *panta*. Wie in *Panorama* oder *Pandemie*. Eben alles eingeschlossen. Gott wirkt nicht durch ein paar Dinge oder nur durch die guten, die besten oder die einfachen Dinge, sondern er wirkt durch alle Dinge.

Gott wirkt bei denen, die ihn lieben, alles zum Guten. Gutes passiert denen, die auf Gott vertrauen. Gottes Schutzschirm breitet sich nicht über die Bösen und Hartherzigen aus. Aber für die, die nach ihm und nach seinem Willen fragen, wirkt Gott durch alles.

Ein Spielball in der Hand des Schicksals? Du nicht. Du bist in der Hand des lebendigen und liebenden Gottes sicher. Eine Aneinanderreihung zufälliger Ereignisse? Bei Weitem nicht. Dein Leben ist eine wohldurchdachte Geschichte, die der Autor des Lebens selbst geschrieben hat, und er hat nur das Beste für dich im Sinn und bereitet schon ein tolles Happy End vor.

Hilfe ist schon unterwegs.

Wirst du deinen Beitrag dazu leisten?

Momentan habe ich das Gefühl, dass die Welt ein einziges Chaos ist.

Die Menschen wissen nicht, warum sie hier sind oder wohin sie gehen, wenn sie einmal sterben. Wir leben in einer Zeit, in der wir wissen, wie Dinge *funktionieren*, aber nicht, warum sie *existieren*. Die unsichtbaren Feinde namens Sünde und Säkularismus haben uns betäubt und verwirrt.

Die Welt braucht dich! Wir brauchen Menschen mit der Entschlossenheit eines Mordechai und dem Mut einer Ester. Die Welt braucht dringend Menschen, die auch im Chaos standhaft bleiben.

Menschen wie die, die sich im vom Krieg heimgesuchten London versammelten. Niemand hätte ihnen einen Vorwurf gemacht, wenn sie an jenem Sonntagmorgen den Gottesdienst abgesagt hätten. In der Nacht hatte ein Luftangriff stattgefunden. London brannte lichterloh. Gebäude wurden zerstört. Selbst die Wände dieser Kirche waren eingestürzt. Als die Gemeindemitglieder eintrafen, waren die Kirchenbänke mit Staub und Steinbrocken bedeckt. Aber anstatt zu verzweifeln, beschlossen sie anzubeten. Mitten in all der Zerstörung fingen sie an zu singen:

Die Kirche steht gegründet
allein auf Jesum Christ,
sie, die des großen Gottes
erneute Schöpfung ist.
Vom Himmel kam er nieder
und wählte sie zur Braut,
hat sich mit seinem Blute
ihr ewig angetraut.[2]

Die Welt braucht dringend Menschen, die auch im Chaos standhaft bleiben.

Kannst du dir diese Gruppe mutiger Menschen vorstellen? Mitten im weltweiten Chaos beteten sie an. Sie vertrauten fest auf unseren unfehlbaren Gott. Das Lied war eine Art Ermahnung, eine Verkündigung der Wahrheit inmitten einer zerfallenden Gesellschaft.

Und dieses Lied hat Ben Robertson womöglich das Leben gerettet. Er war amerikanischer Kriegsberichterstatter und erst am Tag zuvor in London eingetroffen. Der nächtliche Bombenangriff hatte ihn erschüttert und völlig verängstigt. Die Explosionen, die Sirenen und die Schreie der Verwundeten ließen ihn verzweifeln.

„Wenn das der Punkt ist, an den uns die moderne Zivilisation gebracht hat – wenn das das Beste ist, was der moderne Mensch erreicht hat, dann will ich lieber sterben", betete er.

Irgendwann schlief er ein. Doch dann erwachte er beim unerwarteten Klang eines Kirchenliedes. Er schaute aus dem Fenster und sah die Kirchgänger inmitten der Trümmer.

Später schrieb er: „Plötzlich entdeckte ich etwas in dieser Welt, das unerschütterlich war – etwas, das die Jahrtausende überdauert hatte, etwas, das unverwüstlich war: der Geist und das Leben und die Kraft von Jesus Christus in seiner Gemeinde."[3]

Es fliegen noch heute Bomben. Noch heute fliegt die Welt in die Luft. Noch heute stürzen Mauern ein. Noch heute wüten Seuchen. Aber inmitten von alldem leben immer noch Menschen, die zu Gott gehören. Und wenn diese Gottes Wahrheit in einer Welt verkünden, die im Chaos versinkt, weiß man nie, wessen Leben das verändern kann.

Gott ist in alldem gegenwärtig. Wenn dich dein Weg einen steilen Berg hinaufführt. Wenn dich schon allein der nächste

Schritt all deine Kraft kostet. Wenn dir der kalte, schneidende Gegenwind ins Gesicht bläst. Du fühlst dich vielleicht überwältigt, müde, nicht gut vorbereitet für das, was du aushalten musst. Aber hebe deinen Blick: Dort in der Einfahrt steht dein himmlischer Vater. Er ist in diesem Augenblick bei dir. Wer weiß, vielleicht ist das ja dein Moment.

Zum Nachdenken

Von Andrea Lucado

Kapitel 1: Sehnsucht nach dem Frühling

1. In welcher Lebensphase steckst du gerade? Ist es Winter, und du hast das Gefühl, dass es in deinem Leben einfach nicht mehr hell wird? Ist gerade Sommer und alles ist leicht und warm? Oder Herbst und du kannst eine reiche Ernte nach Hause bringen? Oder ist es Frühling und in dir wächst ein zartes Pflänzchen namens Hoffnung? Beschreibe, in welcher Jahreszeit du dich befindest und warum.

2. Auch wenn du im Moment nicht im Winter feststeckst, hast du vielleicht in der Vergangenheit schon einmal einen Winter in deinem Herzen erlebt. Oder vielleicht jemand aus deiner Familie oder deinem Umfeld. Welchen Schmerz oder welches Leid hast du erlebt oder bei anderen gesehen?

3. Mit welchem Wort ermutigt Max Lucado diejenigen, die gerade einen strengen Winter durchmachen? Inwiefern kann Esters Geschichte Menschen Mut machen, die im Winter ihres Lebens feststecken?

4. Was wusstest du vor dem Lesen dieses Kapitels über Ester und ihre Geschichte?
   - Welche Informationen über die Zeit, in der Ester lebte, sind dir beim Lesen des Kapitels besonders aufgefallen?
   - Welche Informationen über die beteiligten Charaktere sind dir besonders ins Auge gesprungen?

5. Wie würdest du König Xerxes auf der Grundlage von dem, was du bisher über ihn weißt, beschreiben?
   - Inwiefern findest du dich in Ester oder ihren Lebensumständen wieder?
   - Wie unterscheiden sich diese beiden Charaktere voneinander?

6. Max Lucado beschreibt Ester als eine Frau mit festen Überzeugungen und Mut. In welchen Bereichen hast du feste Überzeugungen?
   - Hast du wegen deiner Überzeugungen schon einmal mutig gehandelt? Was ist passiert?
   - Was hat dir in diesem Augenblick geholfen, mutig zu sein?
   - Was brauchst du mehr: Mut oder Überzeugung? Warum?

7. Das Buch Ester ist für das bekannt, was darin fehlt: die Erwähnung von Gott.
   - Wie beeinflusst das deine Sicht dieses Buches?
   - Was glaubst du, warum sich dieses Buch im Alten Testament befindet, obwohl darin gar nicht von Gott die Rede ist?

8. Gab es in deinem Leben auch solche Zeiten wie im Buch Ester, wo du das Gefühl hattest, dass Gott abwesend ist? Falls ja: Erzähl davon.
   - Erzähle von einer Zeit, in der du das Gefühl hattest, Gott ist dir nicht nah.
   - Warum hast du das Gefühl oder glaubst, dass Gott weit weg ist? Warum hast du das Gefühl oder glaubst, dass Gott dir nah ist?
   - Wie wirken sich diese Gefühle auf dein Leben, deine Gedanken und deine Beziehungen aus?

9. Was ist „Stille Vorsehung" (S. 16)?
   - Was glaubst du, warum Gott in der Bibel sowohl mit laut dröhnender Stimme als auch mit leisem Flüstern kommuniziert?
   - Wie erlebst du Gott am häufigsten: durch sein dramatisches Eingreifen oder sein leises Flüstern oder auf eine andere Art? Beschreibe, wie dir Gottes Gegenwart in deinem Leben bewusst wird.
   - Wie haben sich diese Erfahrungen auf deinen Glauben und dein Verständnis von Gott ausgewirkt?

10. Was ist laut Max Lucado das Thema des Buches Ester (S. 17)?
   - Wie vollbringt Gott sein Werk?
   - Max Lucado schreibt: „*Gott realisiert seine Antworten auf all die Probleme durch mutige Menschen. … Menschen, die zu glauben wagen, dass sie durch Gottes Gnade für eine Zeit wie diese erschaffen wurden*" (S. 18). Wie würdest du den Moment beschreiben, in dem du gerade lebst?

- Fallen dir Ungerechtigkeiten auf, die Gottes Eingreifen erfordern? In der Stadt, in der du lebst, in deinem Umfeld, deiner Gemeinde oder in deinem Heimatland? Worum geht es da genau?

11. Wir sind nicht immer bereit, mit Gott zusammenzuarbeiten. Auf Seite 18 heißt es: *„Du würdest dich am liebsten zurückziehen, still verhalten, in Sicherheit bringen, im Hintergrund bleiben."* Wo fallen dir Ungerechtigkeiten auf – aber du würdest dich lieber still verhalten und zurückziehen, statt Teil einer Wende zu sein? Warum empfindest du so?
    - Welchen Narrativen schenkst du Glauben? Glaubst du: *„Ich bin nicht der oder die Richtige dafür"* (S. 18) oder: „Ich bin nicht intelligent genug … nicht stark genug … habe nicht das Zeug dafür oder bin nicht mutig genug."
    - Was glaubst du, woher diese Überzeugungen kommen?

12. Könnte es sein, dass Gott dich einlädt, mit ihm zusammenzuarbeiten, damit Gerechtigkeit geschieht? In welchen Bereichen könnte das der Fall sein?
    - Was brauchst du von Gott, um den Mut oder zu der Überzeugung zu finden, mit ihm zusammenzuarbeiten?
    - Was wäre das perfekte Ergebnis mutigen Handelns? Wen würde das beeinflussen?

Kapitel 2: Mach es dir in Persien nicht zu gemütlich

1. Dieses Kapitel verrät mehr über Persien, König Xerxes und seinen Reichtum. Stell dir einmal dieses 7-tägige Festbankett von Xerxes vor.
   - Wer war dabei?
   - Was taten diese Menschen?
   - Was hättest du gedacht, wenn du dabei gewesen wärst?

2. Inwiefern steht dieses Festbankett und alles, wofür Xerxes stand, im Widerspruch zu dem Lebensstil, den die Juden führen sollten?

3. Fülle die Lücken aus: „*Deshalb sollten sie* ____________ ______________________. *Sie sollten* __________ _____, _________, ________________" (S. 31).
   - War es den Israeliten gelungen, so zu leben?
   - Was hat Gott getan, um ihre Aufmerksamkeit wiederzuerlangen?
   - Was war die Folge davon?
   - Wie lange war es zu diesem Zeitpunkt schon her, dass die Israeliten in Jerusalem gelebt hatten?

4. Warst du schon einmal auf unbekanntem Terrain, weit weg von dort, wo du aufgewachsen bist, oder weit weg von der Person, die du einmal warst?
   - Wenn ja, wie hat es dich dorthin verschlagen?
   - Inwiefern hat es dich zum Besseren verändert?
   - Inwiefern hat es dich zum Schlechteren verändert?

5. Wo hat Xerxes bei seinem siebentägigen Bankett seinen wahren Charakter gezeigt?
   - Was verrät dir dieses Ereignis über die Männer, die damals in Persien geherrscht haben?
   - Erinnert dich die Geschichte vom Spaziergang im Kornfeld an eine Gelegenheit, bei der du dich von etwas angezogen gefühlt hast, das sich hinterher als unwahr oder enttäuschend herausgestellt hat? Findest du dich mit deiner Erfahrung in diesen Worten wieder: *„Die Geschichte des unverschämten Xerxes und die Geschichte meines Ausflugs in das Feld mit dem Wintergetreide haben eines gemeinsam: Was ist, wenn Glanz und Gloria nur Unsinn sind? Was ist, wenn das gleißende Licht der Scheinwerfer nur Schwindel ist?"* Inwiefern hast du schon mal eine ähnliche Erfahrung gemacht?

6. Wir sind den Israeliten manchmal ganz schön ähnlich, oder? Einerseits wollen wir treu und heilig sein, und andererseits vergessen wir, wer wir wirklich sind, woher wir kommen und wozu wir berufen sind. Halte deinen persönlichen Glaubensweg hier einmal fest.
   - Hast du dich schon mal heilig gefühlt? Hast zu deinem Glauben gestanden, auch wenn es schwierig war? Erzähl davon.
   - Wann hast du dich für „Persien" statt „Jerusalem" entschieden und bist an einem Ort geblieben, von dem du wusstest, dass er nicht gut für dich war?
   - Wo stehst du heute? Irrst du im Exil umher? Bist du standhaft und dem Gott nah, an den du glaubst? Oder bist du irgendwo dazwischen? Erläutere deine Antwort.

7. Die Kirche hat einen Weg hinter sich, der dem der Israeliten ähnelt – manchmal folgt sie dem Aufruf, heilig zu sein, und manchmal passt sie sich Persien an.
   - Was hast du in den Gemeinden erlebt, in die du gegangen bist, oder anderen, über die du mehr wusstest?
   - Was glaubst du, warum der Weg der Gemeinde so holprig war?
   - Wenn du die Irrwege der Gemeinde persönlich erlebt hast: Welche Auswirkungen hatte das auf deinen Glauben oder deine Überzeugungen? Erzähle davon.

8. „Auch wir sind Verwalter – Verwalter der guten Nachricht von Jesus Christus" (S. 32).
   - Gib die gute Nachricht von Jesus Christus mit deinen eigenen Worten wieder.
   - Wie kann die Gemeinde ein besserer Verwalter dieser Botschaft sein?
   - Wie kann jeder einzelne Gläubige ein Verwalter dieser Botschaft sein?

9. Der Autor führt verschiedene Ablenkungen und Lügen an – zum Beispiel Pornografie, Alkohol und Wohlstand –, die uns davon abhalten können, die Botschaft von Jesus glaubwürdig zu verbreiten. Gibt es irgendeine Lüge oder Verführung, der du auf den Leim gegangen bist und die dich davon abgehalten hat, Gottes Berufung nachzugehen und ein Verwalter der guten Nachricht von Jesus zu sein? Wenn ja: Inwiefern beeinflusst das die Art und Weise, wie du anderen Menschen Gottes Liebe zeigst?

10. Lies 1. Petrus 2,9–12.
    - Was bedeutet es, Gottes „auserwähltes Volk“ zu sein?
    - Welche Verantwortung und welche Gaben gehen damit einher, wenn man als „Gottes besonderes Eigentum“ bezeichnet wird?
    - Was bedeutet „Gnade“ für dich? Wie könnte dir dieses Geschenk helfen, mit Herausforderungen und Verführungen fertigzuwerden?
    - Warum hilft uns die Gnade dabei, ein gutes Leben zu führen, das sich auch positiv auf die Menschen in unserem Umfeld auswirkt?

11. Was kommt dir in den Sinn, wenn du die Aufforderung hörst: „Bezieh Stellung für deinen Glauben und für das, woran du glaubst“?
    - Was bedeutet diese Aussage für dich?
    - Lebst du so?
    - 1. Petrus 2,9–12 zufolge fängt „Stellung beziehen“ oder nicht von unserem Posten zu weichen – wie der Autor im Pfadfinderlager, als er für die Erste Hilfe eingeteilt war – mit der Sünde in unserem eigenen Herzen und damit an, wie wir damit umgehen. Unterscheidet sich diese Interpretation von deinem bisherigen Verständnis von Stellung beziehen?
    - Wenn wir so Stellung beziehen: Wie könnte die Gemeinde ihre Sache dabei besser machen?

Kapitel 3: Das Mädchen mit den zwei Namen

1. Max Lucado erzählt eine Begebenheit aus seiner Jugend, als er seinen Glauben an Jesus verbarg und sich anpasste, statt sich von Gott verändern zu lassen.
    - Hast du dich als Jugendliche/r einmal angepasst, um zu verbergen, wer du wirklich bist?
    - Wenn ja, erzähle, was passiert ist. Wie hast du dich dabei gefühlt?

2. Auch als Erwachsene wollen wir uns noch anpassen und dazugehören.
    - Hast du diese Erfahrung schon einmal gemacht?
    - Wenn ja, warum hast du das getan?
    - Welchen Teil von dir wolltest du verstecken und warum hast du dich für diesen Teil deiner selbst geschämt?

3. Wer hat sich in der Geschichte von Ester angepasst?
    - Beunruhigt es dich, wenn auch biblische „Helden" so etwas tun (S. 43)? Erläutere deine Antwort.
    - Was glaubst du, warum in der Bibel so viele Personen vorkommen, die sich angepasst haben, vor Gott davongelaufen sind, jemanden getötet oder Ehebruch begangen haben etc.?

4. Was war so bedeutsam daran, dass Mordechai sich der persischen Kultur angepasst hat?
    - Wo hat er gelebt?
    - Wo hat er gearbeitet?

- Was bedeutet der Name „Mordechai"?
- Warum widersprach Mordechais Lebensstil so der Berufung der Hebräer, sich abzusondern? Was glaubst du, warum er diese Berufung abgelehnt und sich seiner Umwelt angepasst hat?

5. Kannst du Mordechais Verhalten nachempfinden?
    - Hast du dich schon einmal der Umgebung, in der du gelebt oder gearbeitet hast, angepasst? Inwiefern?
    - Hast du vielleicht sogar deinen Namen geändert, um dazuzugehören?
    - Wenn ja, welche Gedanken und Gefühle hattest du in dieser Zeit?
    - Welche Auswirkungen hatte diese Anpassung auf dein Selbstbild?
    - Welche Auswirkungen hatte sie auf deinen Glauben?

6. Was Ester durchmachen musste, um die Gunst von König Xerxes zu erlangen, war beschämend. Der Autor schreibt: „Von den Mädchen wurde nicht erwartet, dass sie den König liebten, sie sollten ihn nur … unterhalten" (S. 45).
    - Was verrät dir der Befehl, dass alle schönen Jungfrauen sich im Palast einzufinden hatten und ihm zu Willen sein sollten, über den Charakter von König Xerxes?
    - Was verrät dir das über die damalige persische Kultur?
    - Was glaubst du, warum Mordechai und Ester sich darauf eingelassen haben?
    - Wie hat Ester sich wohl in ihrer Zeit mit dem König gefühlt?

7. Am Anfang haben Mordechai und Ester ja noch über ihre wahre Abstammung geschwiegen.
   - Hast du schon einmal so auf eine Situation reagiert? Wenn ja, erzähle, was du erlebt hast.
   - Warum hast du reflexartig so reagiert und verheimlicht, wer oder was du wirklich bist?
   - Was kam dabei heraus?

8. Der Autor hat eine Theorie darüber, warum Mordechai zuließ, dass seine Cousine zu Xerxes geschickt wurde.
   - Wie sieht deine Theorie aus?
   - Wenn du Mordechai gewesen wärst und schon seit drei Generationen in Persien gelebt hättest: Hättest du das Gleiche getan? Warum oder warum nicht?

9. „*Toleranz wird in unserer Gesellschaft großgeschrieben. Paradoxerweise sind aber die Verfechter der Toleranz intolerant gegenüber einer Religion wie dem Christentum, die an* einen *Retter und* eine *Lösung für das grundlegende Problem der Menschen glaubt*" (S. 51 f.).
   - Trifft das auch auf deine Situation zu – dort, wo du lebst, zum Gottesdienst gehst, oder auf deine Freunde? Warum oder warum nicht?
   - Hast du persönlich schon einmal Gegenwind erlebt, weil du Christ bist? Oder hast du das schon einmal bei anderen gesehen? Falls ja, hat dich das dazu verleitet, das zu tun, was der Autor am Anfang dieses Kapitels beschrieben hat: Hast du „das Sweatshirt ausgezogen" und deinen Glauben geleugnet?
   - Wie hast du dich dabei gefühlt?

10. Für viele evangelikale Christen hat das Wort „Toleranz" einen negativen Beigeschmack.
    - Gibt es eine positive oder liebevolle Art, wie wir als Christen heutzutage Toleranz üben können?
    - Wenn ja, wie könnte das aussehen?
    - Auf welche Weise soll dein Umfeld dir und deinem Glauben mit Toleranz begegnen? Wie kannst du die Seiten ihrer Persönlichkeiten tolerieren, mit denen du vielleicht nicht übereinstimmst?

11. Lies noch einmal die Geschichte vom Baum am Ende des Kapitels und denke über Folgendes nach:
    - Was bedeutete dieses Herz für den Autor, als er es entdeckte?
    - Inwiefern ist das eine Metapher für unsere eigene Identität?
    - Inwiefern ist das eine Metapher für Gottes Liebe zu uns?

12. In 1. Johannes 3,1 heißt es: „Seht, was für eine Liebe unser himmlischer Vater uns geschenkt hat, nämlich, dass wir seine Kinder genannt werden – und das sind wir auch!"
    - Glaubst du das in Bezug auf dich selbst?
    - Es ist leicht, die richtige Antwort zu geben und Ja zu sagen, aber was glaubst du wirklich in Bezug auf dich selbst?
    - Wie könnte Gott dir, was diese Überzeugung angeht, heute begegnen? Wie könntest du mit ihm darüber sprechen?

Kapitel 4: Er lehnte es ab, sich zu verneigen

1. In diesem Kapitel wird von den tragischen, aber sehr bewegenden Ereignissen um die Männer berichtet, die vom IS umgebracht wurden, weil sie Christen waren.
   - Hast du schon einmal von diesem oder einem anderen Ereignis gehört, bei dem Menschen für ihren Glauben gestorben sind?
   - Wenn ja, wie hast du reagiert? Welche Fragen hat das in dir aufgeworfen?
   - Was hat es mit dir gemacht?

2. Denk einmal über Folgendes nach: „*Du siehst dich vielleicht nicht Macheten und Terroristen gegenüber, aber musst du dich nicht auch Kritik und Vorurteilen stellen?*" (S. 62).
   - Musstest du dich wegen deines Glaubens schon einmal Kritik und Vorurteilen stellen? Wenn ja, wie haben diese Anschuldigungen sich auf dich und deinen Glauben ausgewirkt?
   - Vielleicht bewegst du dich in einem Umfeld, das dich unterstützt und deinen Glauben nicht kritisiert, aber gibt es vielleicht etwas anderes, wofür du schon einmal kritisiert wurdest? Für deine Werte, kulturelle Traditionen oder andere wichtige Bestandteile deiner Identität?
   - Wie hat sich diese Kritik auf dein Selbstbild ausgewirkt?

3. Was ist so bedeutsam an Hamans Abstammung?
   - Glaubst du, dass sich Rassismus von einer Generation zur nächsten vererben lässt? Wenn ja, wo hast du das bei dir selbst, in deinem Umfeld oder anderswo schon einmal erlebt?
   - Hast du schon einmal bemerkt, dass bestimmte „Sünden", ein bestimmtes Fehlverhalten, an die nächste Generation weitergegeben wird?
   - Was glaubst du, warum Familien, Volksgruppen oder Völker manchmal die Sünden ihrer Väter wiederholen?

4. In Ester 3,2 heißt es: „Alle Mitarbeiter der königlichen Verwaltung mussten sich als Zeichen ihrer Ehrfurcht vor Haman verneigen und sich auf die Knie werfen; so hatte es der König befohlen. Mordechai aber wollte sich weder vor ihm verneigen noch sich vor ihm auf die Knie werfen."
   - Stell dir diese Szene einmal vor. Wie könnte die Menschenmenge auf Mordechais Ungehorsam reagiert haben?
   - Hat dein Herz dir schon einmal gesagt, du sollst etwas tun, das vielleicht wie Ungehorsam aussieht, das aber in Wahrheit deine tiefsten Überzeugungen widerspiegelte? Worum ging es dabei?
   - Inwiefern hat Mordechais Handeln die nachfolgenden Ereignisse in Gang gesetzt?

5. Warum wählte Mordechai diesen Augenblick, um seine wahre Identität zu offenbaren?
   - Hast du schon einmal einen solchen Wendepunkt erlebt, an dem du beschlossen hast, dass es jetzt genug

war und du einfach Farbe bekennen musstest? Wenn ja, erzähle davon.
- Inwiefern kann es uns helfen, uns für uns selbst, für andere und für unseren Glauben einzusetzen, wenn wir in Bezug auf unsere wahre Identität ehrlich sind? Was macht das mit unserem Selbstbild?
- Warum kann es uns schwerfallen oder unmöglich sein, uns so für jemanden oder etwas einzusetzen, wenn wir unser wahres Ich verstecken?

6. Mordechai war der einzige Jude, der sich weigerte, sich vor Haman zu verbeugen. Warum wollte Haman dann alle Juden im gesamten Land töten lassen?

7. Die Bibel berichtet, dass Haman und Xerxes sich zu einem Saufgelage trafen, nachdem die Kuriere ausgesandt worden waren, um den Erlass zu verbreiten, dass alle Juden zu töten waren. Warum legten sie in diesem Augenblick eine solche Verachtung menschlichen Lebens an den Tag?
   - Inwiefern kann eine Machtposition uns blind machen für Ungerechtigkeit?
   - Welche Ungerechtigkeit konntest du wegen deiner sozialen, ethnischen, wirtschaftlichen oder sonstigen Stellung ignorieren?
   - Welche Ungerechtigkeit konntest du wegen deiner sozialen, ethnischen, wirtschaftlichen oder sonstigen Stellung einfach *nicht* ignorieren?

8. Dieses Kapitel erinnert uns daran, dass Widerstand wichtig ist (S. 70).
   - Wie würdest du in diesem Zusammenhang „Widerstand“ definieren?
   - Hast du schon einmal einen solchen Widerstand miterlebt? Wie war es, jemanden zu beobachten, der Widerstand leistet?
   - Hast du dich schon einmal jemandem oder etwas oder einer Organisation widersetzt? Wie war das für dich?

9. Die Situationen, in denen du dich für deinen Glauben oder für Gerechtigkeit stark machen kannst, sind vielleicht nicht extrem, aber es ist *„sehr wahrscheinlich, dass auch du hin und wieder vor der Herausforderung stehen wirst, deine Überzeugungen zu verraten oder angesichts von Ungerechtigkeit und belastenden Dingen zu schweigen“* (S. 69).
   - Warst du schon einmal versucht, angesichts von Ungerechtigkeit zu schweigen? Wenn ja, weshalb war es so schwer, deine Stimme zu erheben?
   - Hast du dieser Versuchung schon einmal widerstanden und doch den Mund aufgemacht? Wenn ja, wie hat sich das angefühlt? Was kam dabei heraus?
   - Was hat dir Mut gemacht, deine Stimme zu erheben?

10. Denk einmal an andere, die es gewagt haben, mutig für ihre Überzeugungen einzustehen, wie zum Beispiel das frühere NSDAP-Mitglied, das den Hitlergruß verweigerte, sowie Schadrach, Meschach und Abed-Nego, die sich weigerten, eine babylonische Götterstatue anzubeten.

- Bist du schon einmal Zeuge geworden, wie jemand für etwas eingetreten ist? Was hat die betreffende Person getan?
- Inwiefern hat dich der Mut dieser Person inspiriert?
- Steckst du vielleicht gerade in einer Situation, in der du mehr Mut brauchst?
- Warum hast du Angst, den Mund aufzumachen? Was hält dich zurück?
- Nimm dir heute Zeit, um mit Gott darüber zu sprechen.

Kapitel 5: Hilfe ist schon unterwegs

1. Ester 4,1–2 beschreibt den armseligen Zustand, in dem Mordechai sich befand, nachdem Xerxes der Ausrottung der Juden zugestimmt hatte. „Als Mordechai erfuhr, was geschehen war, zerriss er seine Kleider, legte ein Trauergewand an, streute Asche auf sein Haupt und ging unter lautem Weinen und Wehklagen mitten in die Stadt hinein. Er ging bis zum Tor des königlichen Palastes, doch niemand, der Trauerkleidung trug, durfte durch das Tor des Palastes eintreten."
   - Hast du selbst schon einmal solchen Schmerz und solches Leid erlebt wie Mordechai? Falls ja, was war der Grund dafür?
   - Du warst wahrscheinlich nicht in Sack und Asche gekleidet, aber welche äußeren Zeichen deiner Trauer gab es (falls es welche gab)?

2. Wie reagierte Ester zunächst auf Mordechais Flehen, ihrem Volk zu helfen (Ester 4,11)?
   - Warum hat sie wohl so reagiert?
   - Hast du schon einmal gezögert, bevor du das Richtige getan hast? Falls ja, unter welchen Umständen? Warum hast du gezögert?

3. Lies Mordechais Antwort auf Esters Zögern (Ester 4,13–14): „Glaub nicht, dass du als Einzige von allen Juden mit dem Leben davonkommst, weil du im königlichen Palast wohnst. Wenn du in dieser Lage wirklich schweigst, wird den Juden von anderer Seite Befreiung und Rettung zuteilwerden; du und deine Verwandten aber werden umkommen. Und wer weiß, ob du nicht für eine Situation wie diese zur Königin wurdest?"
   - Der Autor schreibt, dass Mordechai in diesen beiden Versen zwei scharfsinnige Beobachtungen macht. Welche sind das?
   - Auf welchen Schutz hatte Ester vertraut, den Mordechai als falschen Schutz bezeichnet?
   - Hast du dich schon einmal an eine Verheißung geklammert, die Gott dir nie gegeben hatte? Wenn ja, welche Verheißung war das und wie hat das Vertrauen darauf sich auf deinen Glauben und dein Handeln ausgewirkt?
   - Welche Verheißung hat Jesus uns an einer Stelle gegeben (Johannes 16,33)?
   - Wie würdest du auf die Frage des Autors bezüglich dieser Verheißung antworten: *„Beinhaltet dein Bild von Gott auch die Vorstellung, dass er dich befreien und retten wird?"* (S. 87). Erläutere deine Antwort.

- In welchem Lebensbereich brauchst du heute Befreiung und Rettung?

4. Mordechai sagte zu Ester, dass sie vielleicht für einen Moment wie diesen zur Königswürde gelangt war. Glaubst du, dass Gott uns zu einem bestimmten Zeitpunkt an einen bestimmten Platz stellt?
   - Wenn ja, hast du das selbst schon einmal erlebt? Erzähl davon.
   - Wenn nein, hast du schon einmal erlebt oder gehört, dass es jemand anderem passiert ist? Was denkst du über das, was diese Person erlebt hat?

5. Seit wir Mordechai im 2. Kapitel von Ester zum ersten Mal begegnet sind, hat er sich verändert. Inwiefern?
   - Wie erklärt Max Lucado Mordechais Veränderung (S. 85)?
   - Hat Gott in dir schon einmal Überzeugungen wachgerufen, die lange in dir geschlummert hatten? Wenn ja, wie war das?
   - Wie hast du dich, wie hat dein Leben sich dadurch verändert?
   - Gibt Gott dir vielleicht gerade jetzt zu verstehen, dass du noch einmal über etwas nachdenken solltest?

6. Ester macht in diesem Kapitel ebenfalls eine grundlegende Verwandlung durch. Was ist bei ihr der Wendepunkt (Ester 4,16)?
   - Was war wohl die Ursache für ihre drastische Veränderung?

- Am Ende von Vers 16 – Ester hat gerade beschlossen, erst zu fasten und dann zum König zu gehen – erklärt sie mutig: „Wenn ich umkomme – dann komme ich um." Warst du schon einmal bei einer Sache so entschlossen? Du wusstest, dass es das Richtige war, auch wenn es bedeutete, dass du etwas würdest opfern müssen, das dir wichtig war. Falls ja, was hat dir diese Entschlossenheit gegeben?
- Was kam dabei heraus?

7. Esters „Moment wie dieser" bedeutete, dass sie sich in einer Position der Macht befand, als das Leben ihres Volkes in höchster Gefahr war.
   - Was ist dein „Moment wie dieser" im Augenblick oder das „heilige Werk", an dem du teilhaben sollst? Worauf hat Gott dich vielleicht vorbereitet?
   - Wie hat er dich darauf vorbereitet, diese Aufgabe zu tun?
   - Wie fühlst du dich angesichts dieser Aufgabe? Fühlst du dich wie die zögernde Ester oder wie Ester, als sie entschlossen war, wenn nötig auch zu sterben? Warum?
   - Lucado warf die Frage auf: „Aber was ist, wenn Gott diese Sache aus einem bestimmten Grund zugelassen hat?" (S. 90). Musst du dich manchmal daran erinnern?
   - Hattest du vielleicht schon einmal den Eindruck, dass Gott in dieser Sache bereits am Werk war?
   - Wo hast du ihn in der Vergangenheit in ähnlichen Situationen erlebt, und wie kann dir das in der jetzigen

Situation, in der du an seinem heiligen Werk teilhaben sollst, Hoffnung machen?

Kapitel 6: Zwei Thronsäle

1. Fülle die Lücken aus: „Statt in den Thronsaal von Xerxes zu eilen, ________________ sie sich selbst und trat ___ _____ ___________________ ___________."
   - Warum hat Ester wohl beschlossen, drei Tage zu fasten, bevor sie Xerxes aufsuchte?
   - Welche Rolle spielt das Gebet in den wichtigen Entscheidungen oder Augenblicken deines Lebens und warum ist das so?

2. An diesem Punkt in der Geschichte hat Ester eine Machtposition inne. Sie hätte auch entscheiden können, den Erlass, die Juden zu töten, zu ignorieren, da er sie vielleicht nicht direkt betraf. Und trotzdem hat sie sich entschlossen zu handeln. Inwiefern können Macht und Status dazu führen, dass wir untätig bleiben?
   - Angesichts welcher Probleme oder Themen bleibst du untätig?
   - Warum bist du bei diesen Dingen untätig?
   - Wie können wir auch dann aktiv werden, wenn uns ein Problem nicht direkt betrifft?
   - Wie hat Ester das gemacht?

3. Was geschah, als Ester den Thronsaal von Xerxes betrat (Ester 5,2)?
   - Warum hat Xerxes wohl so reagiert?
   - Haben deine Gebete schon einmal eine unerwartete Antwort nach sich gezogen? Wenn ja, erzähle, was passiert ist.
   - Welche Auswirkungen hatte das auf deinen Glauben?

4. Welche Rolle hat Demut bei Esters Verhalten gegenüber Xerxes gespielt?
   - Welche Rolle spielt Demut, wenn wir an dem teilhaben, was Gott auf dieser Welt tun will?
   - Hast du schon einmal etwas erlebt, das dich ganz demütig gemacht hat? Wenn ja: Hat diese Erfahrung dich ermutigt, aktiv zu werden und/oder das zu tun, wozu du dich von Gott berufen gefühlt hast?
   - Wenn du ganz ehrlich bist: Hat dich schon mal ein Mangel an Demut davon abgehalten, das zu tun, wozu Gott dich berufen hat?

5. Daniel ist ein gutes Beispiel für jemanden, der demütig betete. Lies sein Gebet in Daniel 9,17–18, in dem er um die Beendigung der Gefangenschaft der Israeliten bittet:
   - *„O unser Gott, erhöre doch das Gebet deines Knechts und sein Flehen um Gnade! Um deiner eigenen Ehre willen, mein Herr: Lass dein Angesicht über deinem verlassenen Heiligtum leuchten!*
   - *Mein Gott, beug dich zu mir herunter und höre! Öffne deine Augen und sieh, wie die Stadt, über der dein Name ausgerufen ist, in Schutt und Asche liegt! Wir bitten dich*

um deine Gnade: nicht, weil wir es uns verdient hätten durch irgendwelche eigenen gerechten Taten, sondern weil du so oft gezeigt hast, dass du gnädig und barmherzig bist.“

- Unterstreiche alle Worte und Passagen, in denen sich seine Demut spiegelt.
- Gibt es etwas, für das du beten solltest? Was du aber noch nicht getan hast?
- Warum hast du noch nicht dafür gebetet?
- Wie kannst du heute demütig mit deinem Anliegen zu Gott kommen?

6. Max Lucado spricht von seiner Entscheidung, sich öffentlich gegen Rassismus auszusprechen, insbesondere gegen Rassismus in der Geschichte der amerikanischen Kirche. Die Gründe, weshalb er das bisher nicht getan hat, kommen uns vielleicht bekannt vor: „Aber ich bin doch kein Rassist. Ich habe unseren schwarzen Mitbürgern nichts getan. Ich habe nie etwas Negatives über Afroamerikaner gesagt“ (S. 103). Was hat Gott ihm daraufhin ganz deutlich zu verstehen gegeben?
   - Warum kann unser Schweigen verletzend sein, wenn es um Rassismus oder andere soziale Probleme geht?
   - Hast du schon einmal damit gerungen, ob du dich für jemanden oder eine Gruppe von Menschen einsetzen sollst? Falls ja, aus welchem Grund hast du es nicht getan?

7. Lies Lucados Gebet auf Seite 103 f.
    - Was hat dich dabei besonders angesprochen und warum?
    - Was hat dich an seinem Gebet gestört – falls es überhaupt etwas gibt – und warum?
    - Was hat dich an seinem Gebet betroffen gemacht – falls es da etwas gibt – und warum?
    - Wofür würdest du um Vergebung bitten, wenn du ein öffentliches Bußgebet sprechen müsstest?
    - Wie würde sich das anfühlen, wenn du für diese Sache ehrlich um Vergebung bitten würdest?
    - Warum war es Lucado so wichtig, dieses Gebet zu sprechen? Welche Wirkung hatte es?

8. Zu welchem Thema brauchst du ein „todernstes, ehrliches Gespräch mit dem Herrn der Herrn“? Nimm dir jetzt Zeit, um mit ihm darüber zu sprechen. Du kannst still oder laut beten oder dein Gebet auch aufschreiben, wenn dir das hilft. Wende dich demütig an Gott, und achte einmal darauf, ob dies deine Worte und Bitten verändert.

Kapitel 7: Gott spricht am lautesten, wenn er flüstert

1. Was hältst du vom Schmetterlingseffekt – der Vorstellung, dass der Mensch ein Opfer des Zufalls ist?
    - Was hältst du von der Vorstellung, dass es Gott ist, der dein Leben lenkt?
    - Was denkst du: Welche Rolle spielt Gott bei den Ereignissen in deinem Leben?

- Woher kommt deine Überzeugung?
- Hat sie sich im Laufe der Jahre verändert? Wenn ja, wie und warum?

2. Auch wenn es dir schwerfällt, daran zu glauben, dass alles, was geschieht, in der einen oder anderen Weise Gottes Willen entspricht: Hast du schon einmal etwas erlebt, das nicht einfach nur Zufall gewesen sein kann? Etwas, bei dem sich die Dinge auf eine Art gefügt haben, dass du wusstest: Dahinter steht bestimmt eine göttliche Macht.

3. Nach dem Abendessen mit Xerxes und Ester war Haman in guter Stimmung – bis er draußen Mordechai entdeckte. Er sagte: „Aber das alles bedeutet mir nichts, solange ich mit ansehen muss, dass der Jude Mordechai hier in der königlichen Verwaltung Dienst tut" (Ester 5,13).
   - Warum hatte wohl der Anblick von Mordechai so eine starke Wirkung auf Haman?
   - Welchen Entschluss fasste Haman daraufhin?
   - Was meinst du, warum er so extrem reagierte?

4. Alles war für Mordechais Hinrichtung bereit, doch eine Reihe von Ereignissen führte dazu, dass sich das Blatt wieder wendete.
   - Welche Ereignisse waren das?
   - Was passierte dann mit Mordechai?
   - Was verraten dir diese Ereignisse über Gottes Rolle in dieser Geschichte?
   - Was verrät dir das über Gottes Rolle in unserem Leben?

5. Welche Rolle spielte Mordechai bei diesen Ereignissen, die ihm letztlich das Leben retteten? Wie sehr hatte er die Dinge in der Hand?
    - Was verrät dir das darüber, wie sehr wir unser Leben in der Hand haben?
    - Was verrät dir das darüber, wie wichtig Aufrichtigkeit ist?

6. Wurdest du oder jemand, der dir nahesteht, schon einmal fälschlicherweise beschuldigt? Falls ja, erzähle, was passiert ist.
    - Warum sind solche Erlebnisse so schmerzhaft?
    - Hast du versucht, die falsche Anschuldigung richtigzustellen? Falls ja, wie und was ist dann passiert?
    - Was verrät dir Mordechais Geschichte darüber, welche Rolle Gott spielt, wenn es darum geht, die Unbescholtenheit und den guten Namen seines Volkes zu wahren?

7. Lucado stellt einige Fragen in den Raum: „Du glaubst, das Schicksal hat sich gegen dich verschworen? Und dass sogar Gott gegen dich ist? Du glaubst, das Leben sei ein Glücksspiel, und du weißt gar nicht mehr, wann die Würfel das letzte Mal zu deinen Gunsten gefallen sind?“ (S. 119). Findest du dich in diesen Fragen wieder? Wenn ja, welche Ereignisse haben dazu geführt, dass du nun glaubst, Gott oder das Schicksal seien gegen dich?

8. Welche Gedanken gehen dir durch den Kopf, wenn du die Geschichte von der Mutter liest, die sich das Leben nehmen wollte? Welche Ereignisse haben dazu geführt, dass sie *Die Melodie des Königs* las, und was passierte dann?
    - Was hat dich an dieser Geschichte am meisten berührt?
    - Wo kannst du im Leben dieser Mutter und dem ihrer Kinder Gottes Handeln sehen?
    - Bist du Gott schon einmal neu begegnet, nachdem du lange Zeit seine Gegenwart nicht wirklich gespürt hattest? Erzähl davon.

9. Der Autor berichtet von dem russischen Schriftsteller Alexander Solschenizyn. Welche Ereignisse haben dazu geführt, dass er einen Arzt traf, der erst kürzlich zum christlichen Glauben gekommen war, und was passierte als Folge davon?
    - Was hältst du von dieser Geschichte, besonders im Blick darauf, dass Solschenizyn seinen Glauben an das Regime erst kurz vor dieser Begegnung abgelegt hatte?
    - Wo siehst du Gottes Hand in seinem Leben?
    - Ist Gott dir schon einmal zu einer Zeit begegnet, in der du nicht einmal mehr an ihn geglaubt hast? Falls ja, erzähle, was passiert ist.

Wenn wir Zweifel haben und mit Herausforderungen konfrontiert sind, fällt es uns oft schwer zu glauben, dass Gott auch die kleinen Dinge in der Hand hat. Max Lucado meint, dass man selbst in solchen Zeiten glauben soll, „dass Gott am Werk ist. Lebe so, als könntest du es schon sehen. Hör nicht auf die Stimmen des Zweifels und der Angst. Weiche dem Kampf nicht aus“ (S. 125).

- Was wäre, wenn du wirklich glauben könntest, dass Gott in deinem Leben aktiv ist? Würde das etwas an deinem Verhalten, deinen Gedanken und deinem Glauben ändern?
- Für welchen Lebensbereich ist diese Botschaft gerade wichtig? Was würdest du tun, wenn du tatsächlich glauben könntest, dass Gott schon die nächsten Schritte in die Wege leitet?

Kapitel 8: Die Bösen werden nicht gewinnen

1. Gibt es in deinem Leben einen Haman? Gibt es jemanden, der engstirnig oder egoistisch ist? Jemanden, der dir auf die Nerven geht?
   - Was empfindest du in Bezug auf diese Person?
   - Was müsste deiner Meinung nach passieren, damit diese Person sich ändert?

2. Esters Worte an König Xerxes haben das Blatt endgültig gewendet:

   „Wenn mir Ihre Majestät wohlgesinnt ist und es Ihnen gefällt, so bitte ich, dass mir mein Leben geschenkt werde und auf meinen Wunsch hin mein Volk verschont wird. Denn mein Volk und ich wurden verkauft, damit man uns umbringe und vernichte, ja gänzlich ausrotte. Wenn wir nur als Sklaven und Sklavinnen verkauft worden wären, hätte ich geschwiegen, denn das wäre zu unwichtig gewesen, um Ihre Majestät damit zu behelligen.“ (Ester 7,3–4)

- Fällt dir an Esters Formulierungen in diesem Abschnitt etwas auf? Was?
- Wie hat sie sich wohl gefühlt, als sie dem König und Haman gestehen musste, dass sie in Wahrheit Jüdin war?
- Hast du schon einmal etwas erlebt, das dich dazu gebracht hat, dich zu deiner wahren Identität oder deinem Glauben zu bekennen?
- Wie hast du dich gefühlt, als du diesen Teil deiner selbst offenbart hast?

3. Was geschah in diesem Akt des Dramas mit Haman?
   - Was ging dir durch den Kopf, als du diesen Teil von Hamans Geschichte gelesen hast?
   - Warum ist es deiner Meinung nach befriedigend zu sehen, dass der Bösewicht bekommt, was er verdient?
   - Was verrät dir Hamans Schicksal über Gottes Wesen?
   - Hast du auch schon einmal erlebt, dass die Gerechtigkeit siegt? Wenn ja: Was ist im Einzelnen geschehen?

4. Fülle mithilfe von Römer 11,22 die Lücken aus: „Erkenne doch, wie Gott zugleich ____________ und ____________ ist.“
   - Wie geht es dir damit, Gott als gütig zu beschreiben?
   - Wie geht es dir damit, Gott als streng zu beschreiben?
   - Warum muss Gott beides sein?

5. Es ist befriedigend zu sehen, dass Hamans Handeln aufgedeckt wird und er dafür ins Gefängnis kommt (Ester 7,8). Aber aus eigener Erfahrung weißt du sicher, dass es im Leben nicht immer gerecht zugeht und böse Menschen nicht immer ihre gerechte Strafe erhalten. Gibt es etwas, bei dem du noch darauf wartest, dass die Gerechtigkeit siegt?
   - Wo ist Gott deiner Ansicht nach dabei, Gerechtigkeit wiederherzustellen?
   - Wie wartest du darauf? Geduldig, besorgt oder zweifelnd? Erläutere deine Antwort.

6. Die Bibel verheimlicht nicht, dass man manchmal darauf warten muss, dass Gott für Gerechtigkeit sorgt. Lies die folgenden Verse:
   - *Wie lange noch, Herr, willst du all dem untätig zusehen?* (Psalm 35,17)
   - *Warum geht es den Menschen, die gar nicht nach dir fragen, so gut?* (Jeremia 12,1)
   - *Und die Wahrheit ist dahin, und wer vom Bösen weicht, muss sich ausplündern lassen. Das alles sah der Herr und es missfiel ihm sehr, dass kein Recht war. Und er sah, dass niemand auf dem Plan war, und war bestürzt, dass niemand einschritt.* (Jesaja 59,15–16; LÜ)

7. Die Bibel schweigt auch nicht über das, was Gott letzten Endes gegen die Ungerechtigkeit tun wird. Lies die folgenden Verse:
   - *Denn am Tag des Gerichts wird Gott, der gerechte Richter über die ganze Welt, alle Menschen nach ihrem Tun richten.* (Römer 2,5–6)

- *„Denn* [Gott] *hat einen Tag festgesetzt, an dem er die Welt gerecht richten wird …"* (Apostelgeschichte 17,31)
- *Gott ist ein gerechter Richter, der die Bösen täglich bestraft.* (Psalm 7,12)

8. Was sollen wir tun, während wir darauf warten (siehe Jesaja 58,6–8)?
   - Wie kannst du in deinem eigenen Leben und für die Menschen in deinem Umfeld dafür sorgen, dass Gerechtigkeit geschieht?
   - Wie hat Charles Mulli für Gerechtigkeit gekämpft?
   - Inwiefern war er durch seine eigene Kindheit besonders gut dafür geeignet?

9. Wenn wir uns umschauen, werden uns viele Bereiche auffallen, in denen es ungerecht zugeht. Gleichzeitig kann es aber schwierig sein, genau zu erkennen, wie wir uns in dieser Sache mit Gott eins machen können. Charles Mulli ist ein gutes Beispiel für jemanden, der beschlossen hat, sich in dem Bereich einzubringen, mit dem er am meisten vertraut war.
   - Mit welchem Problem bist du am besten vertraut? Welcher Missstand bricht dir schier das Herz?
   - Warum bricht gerade diese Sache dir das Herz?
   - Welche konkreten Schritte könntest du unternehmen, um dich mit Gott in diesem Bereich eins zu machen – ganz gleich, ob es darum geht, Obdachlosen eine Mahlzeit zu geben, Menschen im Altenheim zu besuchen, Kinder von der Straße zu holen oder etwas anderes?

Kapitel 9: Der Gott der großartigen Wendungen

1. Dalia und Ayesha hatten vermutlich eine klare Vorstellung davon, wie Ayeshas Mann reagieren würde, wenn er herausfand, dass sie die Bibel las. Wie sah diese wohl aus?
    - Welche Reaktion auf den *Jesus*-Film hatten die beiden von ihm erwartet? Wie hat er stattdessen reagiert?
    - Welche Auswirkungen hatten diese unerwarteten Reaktionen wohl auf Dalia und Ayesha und ihren Glauben?

2. Fülle die Lücken aus: „Gott ist der Gott der ________________ ________________" (S. 146). Wie hat sich das Schicksal der Juden laut dieses Kapitels gewendet?

3. Welche Rolle hat Xerxes bei dieser plötzlichen Wendung gespielt?
    - Warum überrascht es uns so, dass er sich auf diese Weise verhält?
    - Gibt es eine Autoritätsperson, vor der du derzeit Angst hast? Oder hast du das Gefühl, dass du der Gnade eines Chefs oder Lehrers, eines Elternteils oder Politikers ausgeliefert bist? Falls ja, wer ist diese Person und welche Macht hat der- oder diejenige über dein Leben?
    - Wie kann Xerxes' Veränderung deinen Blick auf diese Autoritätsperson verändern?

4. Xerxes hörte auf Ester, ließ Haman verhaften und an den Galgen hängen und beförderte Mordechai zu seiner rechten Hand. Aber die Juden waren weiterhin mit einem Todesurteil konfrontiert.
   - Hast du schon einmal vor einem schier unüberwindbaren Hindernis gestanden? Falls ja, worum geht es dabei?
   - Warum kommt es dir so vor, als sei diese Herausforderung nicht zu bewältigen?
   - Welchen Ausweg haben Ester und Xerxes schließlich gefunden, um den königlichen Erlass (die Vernichtung aller Juden in Persien) zu umgehen?
   - Welche kreative Lösung könnte Gott für dein Problem bereithalten?

5. Was ist eine Peripetie?
   - Welche Peripetie hat Mordechai in dieser Geschichte erlebt?
   - Welche Peripetie hat Ester erlebt?
   - Welche Peripetie hat Xerxes erlebt?
   - Welche Peripetie hat Gottes Volk erlebt?

6. Hast du in deinem Leben schon unerwartete Wendungen erlebt? Falls ja, schreib sie auf und danke Gott für jedes dieser Ereignisse. Du könntest auch eine Zeitachse deines Lebens zeichnen und jedes Ereignis darauf eintragen, bei dem etwas Unerwartetes passiert ist, das deinem Leben eine Wendung gegeben hat.
   - Was empfindest du, wenn du die überraschenden Wendungen in deiner Lebensgeschichte betrachtest?

- Was verrät dir das über Gottes Charakter?
- Was verrät dir das über seinen Plan für dein Leben?

7. Der Autor vergleicht Ester 4,3 mit Ester 8,16:
    - Ester 4,3: *„In jeder einzelnen Provinz, in der der Erlass des Königs eintraf, herrschte große Trauer unter den Juden. Sie fasteten, weinten und klagten, und viele betteten sich auf Sack und Asche."*
    - Ester 8,16: *„Auch die Juden waren froh und glücklich und jubelten. Überall begegnete man ihnen mit Achtung."*

8. Lucado erwähnt mehrere solcher plötzlichen Wendungen in der Bibel, doch welche war für ihn die größte?
    - Welche Bedeutung hatte diese Wendung?
    - Was verrät dir das über die Neuanfänge, die auch in deinem Leben möglich sind?
    - In welchem Bereich deines Lebens brauchst du heute diese Auferstehungshoffung?
    - Wie kann Jesus Christus dir diese Hoffnung schenken?

9. Wenn Gott in unserem Leben ein Wunder vollbringt, sind oft wir die Empfänger einer solch gravierenden Wendung. Aber wir können diese Dinge auch für andere bewirken. Wie haben Stan Mooneyham und *World Vision* einen Beitrag dazu geleistet, dass es im Leben von Vinh Chung und seiner Familie zu einer solchen Wendung kommen konnte?

Am Ende dieses Kapitels stellt der Autor zwei Fragen: „Musst du selbst gerettet werden? Bist du bereit, jemand anderen zu retten?" (S. 158). Wie würdest du diese Fragen beantworten?

- Was braucht es deiner Meinung nach, um bereit zu sein, andere zu retten?
- Bist du bereit, wenn Gott dich ruft? Warum oder warum nicht?
- Wenn du der- oder diejenige bist, die momentan Rettung braucht: Wie könntest du heute dafür beten?
- Wenn du bereit sein willst, andere zu retten: Wie könntest du Gott darum bitten, dich auf diese Aufgabe vorzubereiten?

Kapitel 10: Ein Purim-Volk

1. Warum gibt es in Alabama eine Statue, die unter anderem einen Baumwollkapselkäfer zeigt?

2. Welche „Baumwollkapselkäfer" gibt es zurzeit in deinem Leben? Was bereitet dir Probleme oder wirkt zerstörerisch, scheint aber unüberwindbar?
   - Wie wirkt sich dieser „Schädling" auf dein tägliches Leben aus?
   - Wie wirkt sich dieser „Schädling" auf deinen Glauben aus?

3. Was waren in Esters Geschichte die „Baumwollkapselkäfer" und was haben Mordechai und sie letztlich damit gemacht? Was verrät dir das über die Schädlinge, die uns im Leben begegnen?

4. Was ist das Purim-Fest, wie wird es gefeiert und wer feiert es?
   - Warum hat Mordechai wohl die Juden in allen Provinzen Persiens aufgerufen, dieses Tages zu gedenken?
   - Warum ist es wichtig, sich an solche Ereignisse zu erinnern?
   - Gibt es Tage, derer du in besonderer Weise gedenkst – seien es religiöse, kulturelle oder persönliche Gedenktage?
   - Warum und wie feierst du diese Tage?

5. Lucado schreibt: „Ich schätze diese zweitägige Feier sehr, bei der sich Gläubige an den Tag und die Art und Weise erinnern, wie ihr Gott die Oberhand gewann. Wir neigen so manches Mal dazu, das aus dem Blick zu verlieren. Wir neigen dazu zu vergessen, dass Gott auf unserer Seite ist und nicht gegen uns" (S. 163).
   - Warum verlieren wir Gottes Treue so schnell aus dem Blick?
   - Was passiert, wenn du vergisst, dass Gott auf deiner Seite steht? Wie wirkt sich das auf dein Verhalten, deinen Umgang mit anderen und deinen Umgang mit Gott aus?

6. Denke über die Geschichte von J. J. Cohen nach, der seinen Mithäftlingen in Auschwitz die Purim-Geschichte vorgelesen hat. Am Ende der Geschichte schreibt Cohen: „*Und wie ein Fluss, der über die Ufer tritt, brachen sich die festliche Atmosphäre und die Vision der Erlösung in den zerbrochenen Herzen der Gefangenen Bahn*" (S. 164).

- Gibt es eine Geschichte, die dir solche Hoffnung schenkt? Vielleicht eine Geschichte aus der Bibel, ein Film, ein Buch oder die Erfahrungen einer Freundin oder eines Freundes?
- Warum hat dir diese Geschichte so viel Hoffnung geschenkt?
- Warum haben Geschichten eine so große Wirkung auf uns?

7. In vielen christlichen Kirchen erinnern wir uns regelmäßig an den Abend vor der Kreuzigung von Jesus und lesen dabei die Worte, die er beim letzten Abendmahl zu seinen Jüngern sagte:
   - *Dann nahm er ein Brot, und nachdem er Gott dafür gedankt hatte, brach er es in Stücke und reichte es den Jüngern mit den Worten: „Dies ist mein Leib, der für euch gegeben wird. Tut das zur Erinnerung an mich." Nach dem Essen nahm er einen weiteren Becher mit Wein und sagte: „Dieser Wein ist das Zeichen des neuen Bundes – ein Bund, der mit dem Blut besiegelt wird, das ich für euch vergießen werde."* (Lukas 22,19–20)
   - Welche Bedeutung hat die Teilnahme am Abendmahl grundsätzlich?
   - Warum hat Jesus seinen Jüngern aufgetragen, das zu seinem Gedächtnis zu tun?
   - Was bedeutet es für dich, am Abendmahl oder der Eucharistiefeier teilzunehmen?
   - Wofür stehen Brot und Wein?

8. Die Jünger konnten der Kreuzigung verständlicherweise nichts Gutes abgewinnen. Sie dachten, dass ihr Lehrer damit nun für immer weg sei. Was passierte als Nächstes?
   - Inwiefern bot der Tod von Jesus Gott eine Gelegenheit, seine Macht zu zeigen?
   - Inwiefern könnten die Schwierigkeiten, mit denen du gerade konfrontiert bist, Gott eine Gelegenheit bieten, etwas in deinem Leben zu bewegen?
   - Hast du das schon einmal erlebt?
   - Wie könnte es dir in deiner jetzigen Situation Hoffnung schenken, wenn du dich an das Erlebte erinnerst?

9. Sich an etwas erinnern – das war in diesem Kapitel ein wichtiges Thema. Hast du schon einmal erlebt, dass Gott dir gezeigt hat, er steht auf deiner Seite und kämpft für dich? Vielleicht bei einer Chemotherapie oder einer neuen Anstellung, mit der du schon nicht mehr gerechnet hattest, oder auch an dem Tag, an dem du Jesus kennengelernt hast? Wie wäre es, wenn du heute anfängst, diese Erlebnisse zu feiern? Wie könnte das aussehen?

Kapitel 11: Das ist dein Moment!

1. Max Lucado erzählt von einer Begebenheit, als er zwölf war. Damals hatte er einen Ferienjob, bei dem er sich um drei Grundstücke kümmern sollte, was dazu führte, dass er sich überfordert fühlte. Was geschah dann am ersten Tag, wodurch es ihm wieder besser ging?

- Hat dir schon einmal die Gegenwart einer anderen Person geholfen, dich nicht länger überfordert zu fühlen, sondern daran zu glauben, dass du es schaffst? Falls ja, wer war diese Person und wie hat ihre Gegenwart dich beruhigt oder dir geholfen?
- Worin besteht der Unterschied, ob du einer schwierigen Angelegenheit allein gegenüberstehst oder jemanden an deiner Seite hast?

2. Lies die Schlüsselstelle des Buches Ester noch einmal: „*Wenn du in dieser Lage wirklich schweigst, wird den Juden von anderer Seite Befreiung und Rettung zuteilwerden; du und deine Verwandten aber werden umkommen. Und wer weiß, ob du nicht für eine Situation wie diese zur Königin wurdest?*" (Ester 4,14).
   - Füll die Lücken aus: Mordechai lässt gleich eine doppelte Botschaft zukommen: Er ruft sie zum ______________ und zum ______________ auf (S. 173).
   - Welche Verheißung hatten Ester und Mordechai bezüglich ihres Volkes?
   - Was ermöglichte es Mordechai, an diese Verheißung zu glauben?

3. Wie würdest du mit deinen eigenen Worten das Wesen eines Gottes beschreiben, der an seinem Bund festhält?
   - Hat er dir auch Verheißungen gegeben? Welche davon haben sich schon erfüllt?
   - Welche Verheißungen für Menschen in deinem Umfeld haben sich schon erfüllt?

- Nenne einige Beispiele aus der Bibel, wo Gott Verheißungen erfüllt, die er jemanden gegeben hat.
- An welche Verheißung Gottes darfst du dich heute klammern, um dich den Dingen stellen zu können, die dir so überwältigend vorkommen?

4. An welchem Punkt sollten wir nach Meinung des Autors anfangen, wenn es um unsere Ängste und Kämpfe geht (S. 175)?
   - Wenn du auf deinen „Berg" schaust: Wie groß oder wie herausfordernd ist er und warum?
   - Wenn du auf Gott schaust: Wie groß ist er dann? Oder wie klein ist er und warum?
   - Ist dir schon einmal deine Ehrfurcht vor Gott abhandengekommen (S. 176)? Falls ja, welche Folgen hatte das für dich?

5. Auf welche Weise hat Gott in Esters Leben gezeigt, wie mächtig er ist?
   - Auf welche Weise hat Gott in Mordechais Leben gezeigt, wie mächtig er ist?
   - Auf welche Weise hat Gott durch die Herzensveränderung bei Xerxes seine Macht bewiesen?
   - Wie hat Gott dadurch seine Macht bewiesen, dass Haman seine gerechte Strafe ereilt hat?
   - Welches dieser Beispiele macht dir am meisten Hoffnung, wenn es darum geht, dass Gott fähig und willens ist, auch heute noch seine Macht in deinem Leben zu beweisen, und warum?

6. Lies folgende Worte von Augustinus. Unterstreiche jedes Wort, das Gott beschreibt.
   Was bist du, mein Gott? Was, so frage ich, außer Gott, der Herr. Denn wer ist der Herr außer Gott? Oder wer ist Gott außer unserem Gott? – Der Höchste, der Beste, der Mächtigste, der Allmächtigste, der Gnädigste und der Gerechteste, der Geheimnisvollste und der Gegenwärtigste; der Schönste und der Stärkste; der Beständigste und der Unbegreiflichste; unveränderlich (und doch) veränderst du alles; niemals neu, niemals alt; du machst alles neu und lässt den Stolzen altern (und zusammenbrechen); du handelst immer und ruhst immer; du sammelst, aber brauchst nichts; du trägst und erfüllst und schützt (alle Dinge); du erschaffst und pflegst und machst vollkommen; du suchst, obwohl dir nichts fehlt.
   - Welche dieser Beschreibungen spricht dich besonders an und warum?
   - Welche davon lässt sich direkt auf deine gegenwärtige Situation anwenden und warum?

7. Paulus schrieb in seinem Brief an die Römer: „Und wir wissen, dass für die, die Gott lieben und nach seinem Willen zu ihm gehören, alles zum Guten führt“ (Römer 8,28).
   - Warum ist dieser Vers manchen Menschen so wichtig, stellt für andere aber eine Herausforderung dar?
   - Hat es in deinem Leben Zeiten gegeben, in denen dieser Vers eine Stütze für dich war? Erzähle davon.
   - Wie würdest du die Bedeutung dieses Verses jemandem erläutern, der mit der Bibel und dem christlichen Glauben noch nicht so vertraut ist?

8. Hast du beim Lesen dieses Buches erkannt oder sogar erlebt, dass Gott in einer schwierigen Phase oder in deinen Kämpfen an deiner Seite war?
   - War dir seine Gegenwart durch das Buch vielleicht sogar stärker bewusst? Wenn ja, inwiefern?
   - Könnte es sein, dass Gott dieses Buch genau für diese Erfahrung in dein Leben gebracht hat? Falls ja, was hast du gelernt, an das du dich in schwierigen Zeiten erinnern willst?
   - Was könntest du auf der Stelle umsetzen?

Danksagung

Es war einmal zu einer Zeit, bevor es die Zeit überhaupt gab, da lasen sich zwei Engel die Stellenbeschreibung für einen Typen namens Max durch, der erst noch geboren werden sollte. Dort stand: *Verfasser von christlichen Büchern.* Aber als die Engel sich das Gabenpaket von Max anschauten und diese mit den Aufgaben eines Autors verglichen, da meinte der eine Engel zum anderen: „Damit sollten wir zu unseren Vorgesetzten gehen. Dem Lucado seine Gaben passen gar nicht zu seiner Aufgabe." Der andere Engel erwiderte: „Deine Grammatik ist ja schlimm, aber ich stimme dir da grundsätzlich zu."

Also baten sie eine Etage höher um eine Erklärung. Und man sagte ihnen Folgendes: „Ihr habt recht. Lucado wird alle Hilfe brauchen, die ihm der Himmel nur bieten kann. Und deshalb bekommen folgende Teammitglieder den Auftrag, ihm unter die Arme zu greifen:

- Liz Heaney und Karen Hill – außergewöhnlich fähige Lektorinnen. Sie könnten einen Esel zum Tanzen überreden und einem Fisch das Singen beibringen.
- Carol Bartley – sie ist so gut, dass wir darüber nachdenken, sie zu bitten, das Buch des Lebens Korrektur zu lesen.
- David Drury – wäre er vor zweitausend Jahren auf die Welt gekommen, hätte er vermutlich ein Evangelium geschrieben.

Er sorgt dafür, dass Max Lucado auf dem geraden und schmalen Pfad der richtigen Lehre bleibt.

- Steve und Cheryl Green – jeder braucht solche Freunde wie Steve und Cheryl. Wir haben die hier für Max reserviert.
- Das Helden-Team von HCCP – Mark Schoenwald, Don Jacobson, Tim Paulson, Mark Glesne, Erica Smith, Janene MacIvor und Laura Minchew. Dieses Team hat so viel Talent, sie könnten sogar unsere Galaxie managen.
- Greg und Susan Ligon – sie haben eine doppelte Ladung geistlicher Gaben. Sie leiten, dienen, verwalten, ermutigen und beraten. Sie sind echte Superstars!
- Dave Treat – er betet wie Daniel und sieht aus wie Mose.
- Peggy Campbell, Jim Sanders und das Team der *Ambassadors* – der Himmel hat sie berufen, Hirten für Dutzende anderer Hirten zu sein. Sie werden liebevoll mit Lucado umgehen.
- Caroline Green – die perfekte Kombination aus Martha und Maria. Eine Draufgängerin und jemand, der Jesus liebt.
- Andrea Lucado – der gleiche Nachname, aber sie ist viel klüger als ihr Vater.
- Jana Muntsinger und Pamela McClure – eine einzigartige Mischung aus Humor und Grips; perfekt fürs Marketing.
- Janie Padilla und Margaret Mechinus – immer beständig, ruhig und felsenfest.
- Mike Cosper und Yoram Hazony – ihre Erkenntnisse über Ester werden Max inspirieren und die Grundlage seiner Gedanken sein.

- Brett, Jenna, Rosie, Max, Andrea, Jeff und Sara – ein Familienstammbaum mit tiefen Wurzeln und überreicher Frucht.
- Und Denalyn, die Braut – Max wird jeden Abend ins Bett gehen und denken: *Ich habe einen Engel geheiratet!* Und da hat er recht: Der Himmel hat sie ihm geschickt.

Die beiden Engel sahen sich an und lächelten. „Mit so einem Team“, sagte der eine, „kann sogar Lucado Bücher schreiben.“

Anmerkungen

Kapitel 1: Sehnsucht nach dem Frühling

1 „Karte des Persischen Weltreichs“, www.biblestudy.org/maps/persian-empire-at-its-height.html.

2 Google Maps, „Punjab, Indien nach Karthum, Sudan“, https://t1p.de/6akms.

3 Jobes, Karen H.: *Esther. The NIV Application Commentary.* Zondervan, Grand Rapids 1999, S. 60.

4 Jobes: *Esther.* A. a. O., S. 96.

5 Das andere Buch ist das Hohelied.

Kapitel 2: Mach es dir in Persien nicht zu gemütlich

1 Jobes: *Esther.* A. a. O., S. 60.

2 Cosper, Mike: *Faith Among the Faithless: Learning from Esther How to Live in a World Gone Mad.* Nelson Books, Nashville 2018, S. 3.

3 Jobes: *Esther.* A. a. O., S. 61: „Er … fand 40 000 Talente Gold- und Silberbarren (1200 Tonnen) und 9000 Talente geprägte Goldmünzen (270 Tonnen).“ Wir wissen natürlich nicht, wie viel von den 1200 Tonnen Silber- und wie viel Goldbarren waren. Eine Tonne Gold ist aktuell etwa 53,5 Mio. Euro wert – damit betrüge der Wert bei 1200 Tonnen etwa 64,2 Milliarden. Euro. Für 1200 Tonnen Silber zahlt man aktuell eine knappe Milliarde Euro. Der wahre Wert liegt also irgendwo dazwischen.

4 Gold, Rabbi Avie: *Purim: Its Observance and Significance.* Mesorah Publications, Brooklyn 1991, S. 99.

5 Ester 1,1

6 Esra 2,1–2; Esra 3,8

7 Esra 7,1.9

8 MacRae, Fiona: „Brain Scans Prove Porn Is as Addictive as Alcohol and Drugs“, in: *Daily Mail.* 23. September 2013. https://www.news.com.au/lifestyle/relationships/brain-scans-prove-porn-is-as-addictive-as-alcohol-and-drugs/news-story/079a1c68c1e5823aec75fe769113dc86.

9 Uplift Families: „Pornography Changes the Brain“, 16. Juni 2015. https://www.upliftfamilies.org/pornography_changes_the_brain.

10 El Issa, Erin: „2020 American Household Credit Card Debt Study“. *Nerdwallet's*, 12. Januar 2021. https://nerdwallet.com/blog/average-credit-card-debt-household/.

11 Stonestreet, John u. Brett Kunkle: *A Practical Guide to Culture: Helping the Next Generation Navigate Todays World.* David C. Cook, Colorado Springs 2017 und 2020, S. 242–243.

12 „Alcohol Use and Your Health“. *Centers for Disease Control and Prevention*, 23. Februar 2021. https://www.cdc.gov/alcohol/fact-sheets/alcohol-use.htm.

13 „Depression Symptoms Rise During Covid-19 Pandemic“, in: *Physician's Weekly*, 8. September 2020. https://www.physiciansweekly.com/depression-symptoms-rise-during-covid-19-pandemic.

14 Edmonds, Lauren: „Divorce Rates in America Soar 34 % during COVID; Surge Not Unexpected, Says Rose Law Group Partner and Family Law Director Kaine Fisher“. *Rose Law Group Reporter*, https://roselawgroupreporter.com/2020/08/divorce-rates-in-america-soar-34-during-covid/.

15 Jackson, Amanda: „A Crisis Mental-Health Hotline Has Seen an 891 % Spike in Calls“. CNN, 10. April 2020. cnn.com/2020/04/10/us/disaster-hotline-call-increase-wellness-trnd/index.html.

16 Ducharme, Jamie: „U. S. Suicide Rates Are the Highest They've Been Since World War II“, in: *Time*, 20. Juni 2019. https://time.com/5609124/us-suicide-rate-increase/. Interessanterweise sinken die Zahlen in Deutschland.

17 Prior, Ryan: „1 in 4 Young People Are Reporting Suicidal Thoughts. Here's How to Help“. CNN, 15. August 2020. https://www.cnn.com/2020/08/14/health/young-people-suicidal-ideation-wellness/index.html.

Kapitel 3: Das Mädchen mit den zwei Namen

1 Baldwin, Joyce G.: *Esther: An Introduction and Commentary. Tyndale Old Testament Commentaries*. InterVarsity, Downers Grove 1984, S. 66.

2 Jobes: *Esther*. A. a. O., S. 110.

3 Hazony, Joram: *God and Politics in Esther*. Cambridge University Press, New York 2016, S. 18.

4 Duguid, Ian M.: *Esther and Ruth*. Reformed Expository Commentary. P&R Publishing, Phillipsburg 2005, S. 21.

5 Rabbi Meir im *William Davidson Talmud*, Megillah 13a, S. 4. https://www.sefaria.org/Megillah.13a?lang=bi.

6 Duguid: *Esther and Ruth*. A. a. O., S. 21; Jobes: *Esther*. A. a. O., S. 96.

Kapitel 4: Er lehnte es ab, sich zu verneigen

1 Qureshi, Nabeel: „What Does Jesus Have to Do with ISIS?", in: *Christian Post*, 13. März 2016. https://www.christianpost.com/news/what-does-jesus-have-to-do-with-isis.html.

2 Malsin, Jaren: „Christians Mourn Their Relatives Beheaded by ISIS", in: *Time*, 23. Februar 2015. https://time.com/3718470/isis-copts-egypt/.

3 In der englischen Übersetzung „The Living Bible" werden die 10 000 Talente mit „20 000 000 Dollar" übersetzt. Die „Hoffnung für alle"-Bibel spricht hier von „350 Tonnen Silber" (Ester 3,9).

4 Rabbi Avie Gold: *Purim*. A. a. O., S. 109.

5 Gidman, Jenn: „Tragic Tale of the German Who Wouldn't Salute Hitler", in: *USA Today*, 3. Juli 2015. https://www.usatoday.com/story/news/world/2015/07/03/german-no-salute-hitler-ex-nazi/29662195/. Alex Q. Arbuckle: „The Man Who Folded His Arms: The story of August Landmesser". https://mashable.com/2016/09/03/august-landmesser. Mittlerweile geht man davon aus, dass es sich bei dem Mann auf dem Foto vermutlich eher um den zur Zeit der Aufnahme 1936 bei „Blohm und Voss" in Hamburg beschäftigten Schlosser Gustav Wegert handelt, der aus religiöser Überzeugung den Hitlergruß verweigerte. Siehe de.wikipedia.org/wiki/August_Landmesser.

6 Gold: *Purim*. A. a. O., S. 47.

7 Philipose, Thomas: „What Made a Non Believer Chadian Citizen Die for Christ, Along with His ‚20 Coptic Christian Friends'?". Malankara Syrisch-Orthodoxe Kirche, Diözese Mumbay, 22. Februar 2015. Stefan J. Bos: „African Man Turns to Christ Moments Before Beheading", in: *BosNewsLife*, 23. April 2015. Nabeel Qureshi: „What Does Jesus Have to Do with ISIS?" A. a. O.

Kapitel 5: Hilfe ist schon unterwegs

1 Lowenstein, Jeff Kelly: „How a Little-Known Incident in 1956 Unnerved MLK". CNN, 15. Januar 2021. https://www.cnn.com/2021/01/15/opinions/martin-luther-king-jr-crisis-of-faith-lowenstein/index.html.

3. Akt: Der Sieg

1 Hazony, Yoram: God and Politics in Esther. Cambridge University Press, New York 2016, S. 241. Laut Midrasch – einem jüdischen Kommentar in Teilen des jüdischen Textes – hat Mordechai drei Kinder gesehen, die ihm drei verschiedene Schriftstellen gaben. Das erste begann mit: „Du brauchst dich nicht vor einem plötzlichen Unglück zu fürchten, auch nicht vor dem Untergang der Gottlosen, der über sie hereinbrechen wird" (Sprüche 3,25). Das zweite Kind sagte: „Schmiedet Pläne – sie werden vereitelt werden! Fasst Beschlüsse – sie werden nicht zustande kommen. Denn Gott ist mit uns!" (Jesaja 8,10). Und das dritte Kind zitierte den Vers: „Ich will euer ganzes Leben lang euer Gott sein – ich werde euch tragen, bis euer Haar vom Alter ergraut. Ich habe es getan und ich werde euch weiterhin tragen. Ich werde euch auf meine Schulter laden und euch retten" (Jesaja 46,4).

Kapitel 7: Gott spricht am lautesten, wenn er flüstert

1 „The Butterfly Effect: Everything You Need to Know About This Powerful Mental Model". Farnam Street Blog. https://fs.blog/2017/08/the-butterfly-effect/.

2 Das Sousaphon ist eine Form der Tuba aus den 1890er-Jahren, benannt nach ihrem Entwickler John Philip Sousa. de.wikipedia.org/wiki/Sousaphon.

3 Einigen rabbinischen Quellen zufolge musste Haman die Rolle von Mordechais persönlichem Diener einnehmen, wonach es auch zu seinen Aufgaben gehörte, sich niederzuknien, damit Mordechai zuerst auf seinen Rücken und dann auf das Pferd steigen konnte!

4 Aikman, David: *Great souls: Six Who Changed the Century*. Word, Nashville 1998, S. 128–152.

5 Solzhenitsyn, Aleksandr: *The Gulag Archipelago 1918–56: An Experiment in Literary Investigation*. Übersetzt von Thomas P. Whitney und Harry Willets, gekürzt von Edward E. Ericson jr., Harvill Press, London 1986, S. 309–310.

6 Solzhenitsyn: *The Gulag Archipelago*. A. a. O., S. 312.

Kapitel 8: Die Bösen werden nicht gewinnen

1 „Four O'Clock". *The Twilight Zone*, Wikipedia. https://twilightzone.fandom.com/wiki/Four_O%27Clock und https://en.wikipedia.org/wiki/Four_O%27Clock_(The_Twilight_Zone). In Deutschland trägt diese Episode treffenderweise den Titel „Götterdämmerung". Sie wurde am 11. 10. 1996 zum ersten Mal im deutschen Fernsehen ausgestrahlt.

2 Phillips, John: *Exploring the Book of Daniel: An Expository Commentary*. Kregel, Grand Rapids 2004, S. 85.

3 Goodrick, Edward W. und John R. Kohlenberger III: *The NIV Exhaustive Concordance*. Zondervan, Grand Rapids 1990, Stichwort „wrath", S. 1276–1277, Stichwort „mercy", S. 748–749.

4 Bettis, Kara: „How the ‚World's Largest Family' Survived a Global Pandemic", in: *Christianity Today*, 23. November 2020.

Kapitel 9: Der Gott der großartigen Wendungen

1 Aus einem persönlichen Gespräch mit dem Autor. Abdruck mit Genehmigung.

2 Chung, Vinh und Tim Downs: *Where the Wind Leads: A Refugee Family's Miraculous Story of Loss, Rescue, and Redemption.* W Publishing, Nashville 2014, S. 3–4.

3 Chung: *Where the Wind Leads.* A. a. O., S. 204 und YouTube, 7. Mai 2014. https://youtube/j-e4qNfIbtg.

Kapitel 10: Ein Purim-Volk

1 Boissoneault, Lorraine: „Why an Alabama Town Has a Monument Honoring the Most Destructive Pest in American History", in: *Smithsonian Magazine*, 31. Mai 2017.

2 Hazony: *God and Politics in Esther.* A. a. O., S. 165.

3 Cosper: *Faith Among the Faithless.* A. a. O., S. 167.

4 Ebd.

5 DeGagné, Kathy: „Purim – A Story of Redemption". Bridges for Peace, 10. Januar 2013. https://www.bridgesforpeace.com/article/purima-story-of-redemption/.

6 Aus einem persönlichen Gespräch mit dem Autor. Abdruck mit Genehmigung.

Kapitel 11: Das ist dein Moment

1 Most, Br. William: „Excerpts from St. Augustine". Band 1.4, EWTN. https://www.ewtn.com/catholicism/library/excerpts-from-st-augustine-9962.

2 Originaltitel: *The Church's One Foundation.* Samuel John Stone, 1866. Deutsch von Anna Thekla von Weling, 1898.

3 Browne, Benjamin P.: *Illustrations for Preaching.* Broadman, Nashville 1977, S. 72–73.

FSC
www.fsc.org
MIX
Papier | Fördert gute Waldnutzung
FSC® C014496

1. Auflage 2023
Bestell-Nr. 817 910
ISBN 978-3-95734-910-1

Umschlaggestaltung: Benita Penner
Umschlagfoto Verlagsausgabe: adike/Shutterstock
Umschlagfoto Clubausgabe: ESB Professional/Shutterstock
Satz: Greiner & Reichel, Köln
Druck und Verarbeitung: GGP Media GmbH, Pößneck
Printed in Germany

www.gerth.de